Politics in Commercial Society
Jean-Jacques Rousseau and Adam Smith

イシュトファン・ホント 著／田中秀夫・村井明彦 訳
Istvan Hont

商業社会の政治学

ルソーとスミス

昭和堂

商業社会の政治学——ルソーとスミス

Politics in Commercial Society: Jean-Jacques Rousseau and Adam Smith

目次

CONTENTS

凡　例

一、原書と照らし合わせる読者の便宜を考えて、原書頁を【　】で示し、本文に組み込んでいる。また索引の頁も原書頁にした。

一、本文の強調のイタリックは傍点をやめてゴチックにした。

一、邦訳がある参照文献はできるだけ参照したが、訳文には手を加えた。

一、［　］は著者（または編者）の、〔　〕は訳者の補足、また〔　〕内の割注は訳者の説明であるが、長くなったものは訳注＊1、2、……として、原注の次に置いた。

一、編者序文の原文には節も見出しもないが、翻訳書では適宜、見出しを設けた。

一、原書では『第二論文』という表現が頻出するが、一般の便宜を考えて、本訳書では『人間不平等起源論』とした（「編者序文」訳注＊1を見よ）。また、文献注の“Second Discourse”とは同書のこと。

献辞

【vii】本書を公刊するための必要な準備を始めた最初の段階で、本文の電子文書の異版を校合し、引用文の原文を探して参考文献として補い、誤入力や文法ミスを直す作業を行なったが、それにはポール・セイガーから重点的な協力をえた。編者としての配慮の行き届いた彼の協力に謝意を表したい。それからまた、ジョン・ロバートスン、リチャード・タック、ジョン・ダン、キース・トライブ、アイザック・ナヒモフスキ、リチャード・ワトモア、アンナ・ホントからも有益なコメントをいただき、大いに感謝している。イシュトファン・ホントの友人でハーバード大学出版局の編集者マイケル・アロンスンには、この企画に当初から励ましを頂戴したし、途中のさまざまな段階で協力していただいた。このカーライル講義の公刊にイシュトファン・ホントが立ち会えていたら、彼は妻のアンナに献辞を寄せたと思われる。そのため、本書は彼女に献呈するのが至当である。

編者序文

はじめに

【ix】イシュトファン・ホントは未発表の著述を大量に残して二〇一三年春に他界した。そのうち最も広範囲にわたるものは彼の最後の著作であった。それは二〇〇九年のヒラリー学期〔一月中旬から三月頃までの第二学期〕にオックスフォード大学で彼がアダム・スミスとジャン-ジャック・ルソーの思想について行なったカーライル講義六回分の原稿であった[1]。この講義を聴くことは知的に爽快であった。ホントは素晴らしい講師で、幅の広い複雑な話題を扱うことが多いのに、詳しい原稿を用意せずにその内容を流暢かつ正確に話すことができた。しかし彼はこうした講義を公刊する準備に入るのは慎重であって、それは彼が講義内容に込めた意義の印でもあれば、内容自体の豊かさの指標でもあった。これらは聴くより読むのが最適の講義である。というのは、六つの集中期間に分かれていてさえも、吸収するには中身が詰まりすぎているからである。それは三〇年以上にわたる仕事の結晶——または蒸留水——で、そのことは明らかである。それは確かにアダム・スミスとジャン-ジャック・ルソーの思想をめぐる講義で、もっと専門的に言うと、彼らそれぞれの理論的関心が、なおも概して未認知だが、実は分析的に近いということについての講義である。しかし何よりもそれは近代政治学——国民国家、グローバル商業、社会的不平等、国際競争力【x】、そして必ずしも明白ではない意味で民主主義的説明責任の政治学――についての講義でもある。最終講〔第六章〕でホントが述べているように、これらは近代政治理論にとってパンとバター〔つきまとうもの〕である。それらはまた、彼が講義のなかで示そうとするとおり、ルソーとスミスの思想に驚くほど強い知的収斂（一致）をもたらした主題でもあった。

　収斂自体がきわめて意図的であった。スミスが積極的にそれを生み出したからである。ルソーが一七五五年に『人間不平等起源論』を発表した直後にスミスがその書評を書き、一七五九年の『道徳感情論』でそのなかから重要なくだりをいくつか再利用したことはよく知られている。現在出ているスミスのグラスゴウ版著作集はそれにふれているが、そこから伸びる道徳的・政治学的な分岐はまだ概して研究されておらず、これがホントによる講義の本体部分の多くをなす。第一講〔第一章〕が示すとおり、ルソーが憐みという感情を検討し、奇妙にもスミスがその感情的方向づけに二重の意味で高い質を認めたことが、彼自身のとても精妙な道徳理論の出発点にもなった。その理論の有効部分を特定して撚《よ》り合わせるのは決して容易ではなかったので、ホントはスミスの「公平な観察者」の概念に新たな光を投じうるように、それを説明する重要な措置をいくつもとった。彼がそれをなしえた一因は、ハチスンやヒュームと並行してルソーやホッブズを読み、そのことでスミスのルソーに対する最初の書評が指し示す、ヨーロッパ的な広がりのある知的文脈のなかにスミスの思想を位置づけることができた点にある。ホントはスミスの道徳理論を解明する際に、近年におけるルソー研究の発展、とりわけルソーをホッブズ派と見るか、少なくとも一七世紀イギリスの政治哲学者トマス・ホッブズを緩和して継承したとする、一八世紀の特徴づけに戻る研究を存分に利用できた(2)。これは歴史的、分析的に比較的正確なルソー読解であって、それによってスミスの情動論が、今ではときに二〇世紀後半の認知理論と関連づけられる、自己とその属性をめぐるより広い議論群(3)のなかに位置づけうることが見やすくなる。ホントの【xi】視座から見ると、認知理論はホッブズに始まるが、それがルソーとスミスにその近代政治学にとっての意味を存分に解明しようとさせたのである。

ルソーとスミスは自我〔自己〕と自我の問題含みの性質に対する関心を共有し、とりわけ分業と商業社会がもたらした依存と独立の混合という文脈でそれらに関心を寄せたが、このことはまた二人が同じ顔ぶれの知的な話し相手をもっていたことも意味した。一人はオランダ系イギリス人の政治学的モラリストであるバーナード・マンデヴィルで、彼の『蜂の寓話』の憐み論がスミスとルソーの対話にとって大いに最初の刺激となった。[4] 二人目はフランス人判事シャルル＝ルイ・ド・スコンダ、モンテスキュー男爵で、その『法の精神 *The Spirit of Laws*』（一八世紀の同書英訳の表題はそうであった）はスミスとルソーの対話をさらに広げる、ほとんどすべての話題（すべての議論ではないとしても）を提供した。もっと驚くべきと言えることに、対話の三人目の知的存在は、一七世紀イングランドの政治理論家ジョン・ロックである。ホントは『道徳感情論』におけるスミスのルソーとの関係を再構成して、いかにしてスミスが公平な観察者の概念にたどり着いたかを理解しやすくしたが、それと同じく、ルソーのロックとの関係を再構成して、いかにしてスミスが『国富論』全体の根底にある並外れた歴史的、政治学的な展望にたどり着いたかも理解しやすくした。長らくルソーとスミスを大いに違ったタイプの経済‐政治思想家とみなすのが普通で、スミスは自由取引《フリートレード》、制限政府、夜警国家の偉大な支持者、ルソーはスミスの言う商業社会に基本的な属性を与える国家と市場の結びつきのあらゆる側面を批判した一八世紀で最も有名な人物、とされてきた。ところが、もっと最近では、二人の類似性を指摘することが前より普通となった。ただスミスは比較的古いルソーの像のように描かれ、二人ともある特定の型の現代的で、しばしばアメリカ的な、政治哲学者のように描かれている。[5] こうした講義でホントは【xii】二人を比べて相対的にルソー側よりはスミス側から光を当てた。ホントの解釈の背後には一八世紀の道徳論や政治学の分類で使われた古代の思想体系があるが、それを用いると、ルソーもスミスもエピクロス派であった。[6]

第一〜二章「商業的社交性」

最初の二つの章の表題は必ずしもおどけているわけではなく、〔二人の〕この収斂を根拠とする。かつて一見すると利他的な『道徳感情論』の道徳理論と、より図々しくも利己的な『国富論』の理論を突き合わせると浮上する「アダム・スミス問題」なるものがあるとされたことはよく知られている。ホントによると、同種の問題がルソーにもあてはまる。この場合、認知要求、財産形成、階級分化の力学をめぐる『人間不平等起源論』(第二論文 second *Discourse* として言及される)[*1] でのルソーの荒涼たる描写が、『社会契約論』の分析上の核をなす社会契約や主権者の一般意思の観念といかに融和しうるかを理解するのは難しい。要するに、ドイツの哲学者エルンスト・カッシーラーが一九三二年の公開講義で提出したような「ジャン=ジャック・ルソー問題」があったのだが、それは一九世紀ドイツの歴史学派経済学者アウグスト・オンケンがそれ以前に表明したアダム・スミス問題——こちらのほうが今ではよく知られている——にこだまするものである。(7) 【xiii】ホントは冒頭で二つの問題を並べたが、おかげでそれぞれの問題が測定しやすくなったばかりか、それぞれの結果が内容でも形式でもよりよく見えるようになった。

一連の講義が強調しようとしたとおり、まずジャン=ジャック・ルソー問題が現れる。その理由は、初期ルソーの出版物の方が『道徳感情論』より前に出たからというだけではなく、スミスの最初のルソー評価がすでに示したとおり、ルソーが『人間不平等起源論』で唱え始めた(そのあとホントがルソーの「第三論文 third *Discourse*」と呼ぶ『言語起源論』につながっていく)人間の情動の系譜学によって、スミスがフランシス・ハチスンとデイヴィッド・ヒュームという彼の最も重要な話し相手二人の道徳・政治哲学にある対立構図を超えて進むための、分析手段を手にしたからでもある。ハチスンとヒュームの背後にはバーナード・マンデヴィルの思想が横たわっており、ホントがスミスに賛同して示すとおり、ルソーによるマンデヴィルの扱い方こそが、社交性、道徳、政治という関連し合う主題を純粋な英語圏の文脈だけで当時利用できたよりも高い分析的洗練にもたらす方法を与えたように思われる。

最初の二つの章の表題「商業的社交性」は一八世紀の二つの語彙の合成語である（ホントには各語彙の概念的意味が浮かび上がるように語を並べる特異な才能があることは特筆に値する）。この表現の「商業的」の部分はスミスの用語「商業社会」の響きが出るように意図されている。他方「社交性」の部分は一七、一八世紀における概して神学的、自然法学的で今では人間学的と呼ばれる人間本性論の巨大な全体を暗示する。ある時代にはこの二語を並べて「商業的社交性」という表現をつくったところで同義反復と思われたことであろう。しかし一八世紀半ばにはただ撞着表現になるとみなされた。第一の意味では、「商業的」と「社交的」はほぼ同義語であった。しかしながら、第二の意味では、それらはいっそう対義語のように見えた。ホントが相応の紙幅を充てて示したとおり、この表現に含まれる二つの意味の間の根深い対立は、【xiv】アルバート・ハーシュマンの古典的研究にもかかわらず、情念から利害への転換ではすまなかった——今もすまない——相当に大きな転換が、なぜスミスが初めて（狩猟、牧畜、農耕社会に対置された意味で）商業社会と呼んだ社会の道徳的・政治的次元の意味を解明するよう彼に求めたのかを説明する手がかりになる。[8] ホントはさらに、この表現の二つの要素が一九世紀の偉大なホッブズ学者フェルディナント・テンニエスによって**ゲマインシャフト**と**ゲゼルシャフト**という名を与えられたことを示した。[9] 反対語がこうして言葉として融合したことは、商業社会の概念に含まれた現実的な道徳的・政治的問題を示す有益な指標になるとともに、ホントの議論では、この呼び名の出現が一見遅すぎたにもかかわらず、ジャン=ジャック・ルソー問題とアダム・スミス問題なるものが本当にあったかもしれないと警告するのである。彼も示唆しているが、このどちらもが近代の政治理論によって本当に提出され定着したかどうかは不明である。

第三〜四章　統治の歴史

ルソー問題とスミス問題という二つの呼称の類似性と概念的重なりが、イマヌエル・カントの「非社交的社交性」という用語にホントがずっと関心をもってきた一因であり、それはこの用語が商業的社交性の概念の問題提起的性質の多くをつかむ手がかりを与えるからだが、それだけではなく、一度ルソーとスミスを一緒に考えられるようになるや知性に生じ始めることを、それが指し示していたからでもある。一八世紀末の二〇年間にそういうことが始まり、カントは疑いなくそう考えた。この意味で、ルソーとスミスの対話を扱うホントのやり方は、政治学について考えるときの彼のもっと広い関心の一部で、それは主に一方でトマス・ホッブズの時代、他方でカール・マルクスの時代の間の政治学について考えるときの関心、そして主に政治学と経済学を――歴史的にも分析的にも――一体的に考えるときに含まれていることがらに照らして考えるときの関心である。この枠組のなかでは、近代政治理論はホッブズへの対処とホッブズ思想自体への対処に同じように関係しており、ルソーとスミスはこの二つを、とりわけホッブズの遺産がザムエル・プーフェンドルフとジョン・ロックの思想に再登場する論点において、引き継いだのである。ホントがスミスとルソーの関係を扱うために導入した、より大局的な時間的、分析的視座が、第二の一対の講義の出発点である。すなわち、この二回は統治とその歴史【xv】、とりわけ、古代とおおむね南〔ヨーロッパ〕に始まるもの、近代と主に北〔ヨーロッパ〕に始まるものというヨーロッパの二つの歴史の関係を扱う。

ホントは政治思想史における規範的なものと歴史的なものの緊張関係を鋭く意識していた。政治思想史の「ケンブリッジ学派」なるものがこれまであったという考えに彼が長らく反対してきた一因は、仮構された学派の噂された顔ぶれの間でくだんの緊張関係があるのに、それに対して何らかの一貫性を保持した（あるいはたぶん考え抜かれてさえいる）範囲での応答のようなものとは何かを述べることが困難だった点にある。緊張関係を扱うホント独自のやり方は統治と統治史についての二つの章に最もよく見られる。それはルソーとスミスによる商業的社交性の問題を検討した章に続く箇所である。ここで彼は、今なお政治思想の歴史と歴史叙述の二つの異なる接近法と思われるものの関係を特定し、説明することに相応の紙幅を割いている。第一の方法は比較的明白に、規範的な次元をもつ。というのは、権利、それからフーゴー・グロティウス、トマス・ホッブズ、ザムエル・プーフェンドルフ、ジョン・ロックの自然法学と権利との関係を焦点とするからである。第二の方法も同じく明白に、歴史的な次元をもつ。というのは、共和国、それからシヴィック・ヒューマニズム、新ローマ的自由、または単に共和主義と多様な呼称を得るようになったものに含まれた、多様な道徳的、経済的、政治的措置に焦点を置くからである。ホントはルソーとスミスを歴史研究のこの二つの伝統を形づくる概念要素に対する指南役として用いることで、彼らがかつていかに概念上の共通基盤を共有したかを示すことができただけでなく、またなぜ統治と統治の起源という主題が、政治思想の歴史と歴史叙述においてきわめて歴然たる特色となった規範的なものと歴史的なものの緊張関係の核心部に横たわるのかを説明できたのである。

ここで、デイヴィッド・ヒュームの思想にホントが長らく親しんできたことが、ルソーとスミスを結合するもの――および分離するもの――を理解しやすくするのを助けた。私有財産、不平等、および究極的に革命へと滑り落ちるのを免れる方法を考えるときに、ルソーは、ジョン・ロックの政治思想、より特定すればサー・ロバート・フィルマーの家父長的政治理論に反論してロックが『統治論』で展開した議論に組み込まれた抵抗理論を大いに頼みとした。ホントが示すとおり、ルソーは完全に契約に基づく政治的結合が確立される前に存在した政治的措置を描いたが、それは『統治論』第二部でロックが描いた自然状態と似ていた。【xvi】第一に私有財産、貨幣、不平等で分断されることになる萌芽的な社会があった。次に社会契約と統治があった。最後に統治の初めの失敗を考慮した国制と国制的統治〔基本法とそれに基づく統治〕が見られた。ルソーはこの順番をたどった。彼の見方では、まず法ができ、次に統治が続いた。ところが、スミスは正反対の順番をたどった。統治が先で、法や立法が続いた(10)。ホントが言うとおり、この違いを生んだ要因としては、デイヴィッド・ヒュームの思想、特に財産形成の説明およびそれと並行して正義を人為的徳とする考察が大きかった。ホントもまたふれているが、そのことは少なくとも近年の政治思想の歴史と歴史叙述で定型化された分類における真の共和主義者は、ルソーではなくスミスであったことを意味したのである。ヒュームの遺産とは、二人のなかではスミスこそが、政治権力の配分は財産の配分に従うという一七世紀イングランドの政治思想家ジェイムズ・ハリントンの主張を引き継ぐ最良の位置を占めており、その結果、近代政治学が古代政治学とは違う理由を説明する最上の備えがあったという意味である。ハリントンの政治思想は現代の通常の見方では価値志向において古代的でマキアヴェッリ的だと理解されているが、ホントの見方によると必ずしもそれは明らかではない。ヒュームとスミスそれぞれの歴史的、政治的展望のプリズムを通して見ると、ハリントンの政治思想は古代政治学を近代の状況に蘇らせるという見込みにつながっているが、同じく危険にもつながっている。

　モンテスキューとヒュームが道を指し示したが、古代人と近代人の間に広がった大きな隔たりの最も入念な説明を展開したのは、ルソー以上にスミスであった。この説明の核にはヨーロッパが歴史の二循環からなる、二重の歴史をもっているという思想があった。すなわち、内容でも帰結でも、一回目は南方 - ローマ的周期、二回目は北方 - ゲルマン的周期である。ホントによると、この二重の歴史はスミスが最も充実した形では『国富論』第三篇で語り始めた主張の基盤であった。すなわち、近代ヨーロッパの政治社会がたどった歴史の背景には「不自然で転倒した順序」があり【xvii】（都市の社会と手工業が田舎の社会と農業に先立って発達した方式を指す）、それに古代と近代の混合物が含まれていて、これがヨーロッパにおける第一のローマ主導での歴史を終わらせた衰退と没落の周期の再生を防ぐにも阻むにも十分なものだという主張であった。ローマ帝国の衰退と没落が何をもたらしたかをめぐるこうした思考法は、帝政ローマにゲルマン人が侵入したあとの封建的な生活をモンテスキューが分析したときに始まった(11)。さらに筆を進めてホントが述べるとおり、スミス版のこの歴史は——まずローマ帝国を転覆させた遊牧社会に広まった権威と権力の構造という道徳的・政治的遺産を重く見ており、次にローマの衰亡後も命脈を保った要塞都市で展開した勤労と交易への集中を強調するものであり——二世紀ばかりのちにウィッグ的歴史解釈として知られるにいたる見方の土台であった。しかし、それは別のさらに手の込んだ装いを伴ってヘーゲル、コントからトクヴィル、ミル、マルクス、そしてウェーバーに至る一九世紀の多くの歴史哲学者の出発点でもあった。

第五～六章　経済学*2

本書末の二つの章は、ルソーとスミスの思想のいくつかの関係、およびその関係がのちに一九世紀政治思想史においてたどった発展を確定するために、はるばる長旅をする。ホントが示すところでは、ルソーとスミスは同じ知的基盤を共有したばかりか、同じ知的誤謬も共有していた。彼はそうなった理由を、結局のところ商業社会にはいかなる形の政治学が最もふさわしいかがなお不明だからだと示唆している。これは商業社会の概念が完全にそれだけで説明を完結させることができないからというだけでなく、さらにひどいことに、現状の世界には一つどころではない、かなり多くの商業社会が存在しており、政治学と商業社会について考えるとそれらの対外的力学も対内的力学も考えなければならない結果になるからでもある。ここに、ホントが述べるとおり、ルソーとスミスには真の相違があった。二人とも近代社会は商業社会だと認識していたが、商業社会の経済学 political economy が何でなければならないかという概念では意見が分かれた。ルソーは自己充足を重視した。これは経済資源の面のほか、個々の【xviii】家計と国家、私的なものと公的なものの関係という面がより肝心だと見るものである。スミスは生産性をより重視した。これもやはり経済資源の面のほか、国家機関の規模や範囲とその機関としての寿命という面から見られていた。しかしここでも相違を誇張するのは安易である。ルソーの知的および政治的な後継者にはフランスの代議制の理論家エマニュエル=ジョゼフ・シェイエスとドイツの哲学者ゲオルク・ヴィルヘルム・フリードリヒ・ヘーゲルがおり、スミスの知的遺産を最も十全に取り入れたのは、例えばフランスの経済学者 political economist ジャン=バティスト・セーや同時代のスイス人バンジャマン・コンスタンだとしても、この二系列が実際どれくらいかけ離れていたかは必ずしも明らかではない。

近代国家はふつう財政国家である。加えてそれは福祉国家であることが多く、ときに連邦国家もなす。ホントのもとの六講の要点は、多くが聴講者にこうした〔国家の〕特色に照らし、またルソーとスミスが示す異なる型の資源、権利機会《エンタイトルメント》、責務の間の対立を踏まえて、二人について考えるよう促すものであった。イシュトファン・ホントは学問的経歴の大半をケンブリッジ大学歴史学部の一員として過ごした。ところが、彼は正式の、あるいは専門的な種類のではないけれども、何にもまして政治理論家だと自認した。彼は同時代の政治学と知性史をともに学ぶ必要があると確信しており、また現代の政治理論は近代社会の過去の実例に関して最良のコメントを残した人たちの考え方に注意深く傾聴しない限り前進できないと信じていた。彼にとってスミスとルソー、またヒュームやカントもこぞって、そういうカテゴリーに属する人たちであった。こうしてルソーとスミスの政治思想、またこの論点を扱った他のあらゆる思想家の政治思想を再検討することは、純粋に歴史的という以上のものでなければならなかった。ホントにとって、歴史的洞察がものを言うのは、どの個人の著作の意味を知るにも比較が役立つからというだけでなく、また政治学の概念的側面が時代の制約を帯びる性質をもつことから、本講義に示された歴史の知識や歴史的感受性の結合がないと多くのものが見失われる可能性が大きいからでもある。社交性あるいは経済学 political economy の概念がかつて何を意味したかをつきとめたい人、啓蒙を描き出そうとしている人、誰かをストア派、キュニコス派、エピクロス派と記すことが一八世紀にもった含意を理解したいと思っている人、一八世紀に人を楽観主義者と呼ぶことが今ならむしろ現実主義者と呼ぶことと同様であった理由がわからない人は、男性であれ女性であれ【xix】本講義を読むことから期待したよりも多くを学ぶであろう。むろん同じことはジャン-ジャック・ルソーとアダム・スミス〔の関係〕にもあてはまるし、彼らの驚くほど詳細な対話が後代の思想家の論争の構造を定めるに至った多くの道にもあてはまる。イシュトファン・ホントが示したとおり、二組の主題は一見したよりも近くに並んでいるのである。

注

（1）講義の原題は「商業社会の政治学に関する諸見解――ジャン-ジャック・ルソーとアダム・スミスの比較」であった。ホントは二〇一〇年にそれぞれイエーナとボストンで行なったシラー講義とベネディクト講義のとき本稿を用いた。

（2）この見方を前面に押し出したのは特に次の文献である。Richard Tuck, *The Rights of War and Peace: Political Thought and the International Order from Grotius to Kant* (Oxford: Oxford University Press, 1999), pp. 197-207. タック『戦争と平和の権利――政治思想と国際秩序：グロティウスからカントまで』萩原能久訳、風行社、二〇一五年；Béla Kapossy, *Iselin contra Rousseau: Sociable Patriotism and the History of Mankind* (Basel: Schwabe, 2006). 次も参照。Maurice Cranston and Richard S. Peters, eds., *Hobbes and Rousseau: A Collection of Critical Essays* (New York: Anchor Books, 1972).

（3）Frederick Neuhouser, *Rousseau's Theodicy or Self-Love: Evil, Rationality, and the Drive for Recognition* (Oxford: Oxford University Press, 2008); Pierre Force *Self-Interest before Adam Smith: A Genealogy of Economic Science* (Cambridge: Cambridge University Press, 2003); N. J. H. Dent and T. O'Hagen, "Rousseau on Amour-Propre," *Proceedings of the Aristotelian Society*, Supplement 72 (1998), pp. 57-74.

（4）Edward Hundert, *The Enlightenment's Fable: Bernard Mandeville and the Discovery of Society* (Cambridge: Cambridge University

Press, 1994); Mikko Tolonen, *Mandeville and Hume: Anatomists of Civil Society* (Oxford: Voltaire Foundation, 2013).

（5）この問題の一部の初出例については次を見よ。Dennis C. Rasmussen, *The Problems and Promise of Commercial Society: Adam Smith's Response to Rousseau* (University Park: Pennsylvania State University Press, 2008). ラスムッセンとダニエル・B・クラインのその後の議論については *The Adam Smith Review* 7 (2013), pp. 323-31 を見よ。さらに以下を参照のこと。Benjamin Fridén, *Rousseau's Economic Philosophy: Beyond the Market of Innocents* (Dordrecht: Kluwer Academic Publishers, 1998); Samuel Fleischacker, *On Adam Smith's "Wealth of Nations": A Philosophical Companion* (Princeton, NJ: Prineton University Press, 2004); Catherine Larrère, "Adam Smith et Jean-Jacques Rousseau: sympathie et pitié," in *Kairos* 20 (2002), pp. 73-94; Emma Rothschild, *Economic Sentiments: Adam Smith, Condorcet, and the Enlightenment* (Cambridge, MA: Harvard University Press, 2001). さらに広範囲のスミス文献の有用な紹介としては次を参照。Knud Haakonssen, ed., *The Cambridge Companion to Adam Smith* (Cambridge: Cambridge University Press: 2006); Knud Haakonssen, ed., *Adam Smith* (Aldershot: Ashgate, 1998); Christopher L. Berry, Maria Pia Paganelli, and Craig Smith, eds., *The Oxford Handbook of Adam Smith* (Oxford: Oxford University Press, 2013). 次の年次刊行物も見よ。過去七号の *The Adam Smith Review* (London: Routledge, 2004-2013)、過去五一号の *Annales de la Société Jean-Jacques Rousseau* (Geneva: Droz, 1905-2013).

（6）ホントがスミスとルソーの道徳理論の比較研究を初めて発表したのは二〇〇一年のゴリンケム Gorinchem での（グロティウスとストア派に関する）学会においてであった。最近の研究としては次を見よ。Fonna Forman-Barzilai, *Adam Smith and the Circles of Sympathy* (Cambridge: Cambridge University Press, 2010); Michael Frazer, *The Enlightenment of Sympathy: Justice and the Moral Sentiments in the Eighteenth Century and Today* (Oxford: Oxford University Press, 2010); Jerry Evensky, *Adam Smith's Moral Philosophy: A Historical and Contemporary Perspective on Markets, Law, Ethics, and Culture* (Cambridge: Cambridge University Press, 2005). ルソーをキュニコス派と見るホントの議論については次を見よ。Michael Sonenscher, *Sans-Culottes: An Eighteenth-Century Emblem in the French Revolution* (Princeton, NJ: Princeton University Press, 2008).

（7）August Oncken, "Das Adam Smith-Problem," in *Zeitschrift für Sozialwissenschaft*, ed. Julius Wolf, vol. 1 (Berlin: G. Reimer, 1898), pp. 25-33, 101-8, 267-87; Ernest Cassirer, "Das Problem Jean Jacques Rousseau," *Archiv für Geschichte der Philosophie* 41 (1933), pp. 479-513. 英語版は次を見よ。Ernest Cassirer, *The Question of Jean-Jacques Rousseau*, ed. and trans. Peter Gay (New York:

Columbia University Press, 1954). カッシーラー『ジャン＝ジャック・ルソー問題』生松敬三訳、みすず書房、一九七四年。

（8）Albert O. Hirschman, *The Passions and Interests: Political Arguments for Capitalism before Its Triumph* (Princeton, NJ: Princeton University Press, 1977). ハーシュマン『情念の政治経済学』佐々木毅・旦祐介訳、法政大学出版局、一九八五年。

（9）Ferdinand Tönnies, *Gemeinschaft und Gesellschaft: Abhandlung des Kommunismus und des Sozialismus als empirischen Kulturformen* (Leipzig: Fues's Verlag, 1887). テンニエス『ゲマインシャフトとゲゼルシャフト——純粋社会学の基本概念』杉之原寿一訳、岩波文庫、上・下、一九五七年。

（10）ホントがこの議論を初めて詳論したのは一九八九年のシカゴ大講義「経済学から政治学への帰還——私有財産、不平等、国家の起源とアダム・スミス四段階論の二つの異版」においてであった。それをさらに発展させたのが「政治理論としてのアダム・スミスの法と統治の歴史」である。"Adam Smith's History of Law and Government as Political Theory," in *Political Judgement: Essays for John Dunn*, ed. Richard Bourke and Raymond Guess (Cambridge: Cambridge University Press, 2009), p. 131-71.

（11）Michael Sonenscher, *Before the Deluge: Public Debt, Inequality, and the Intellectual Origins of the French Revolution* (Princeton, NJ: Princeton University Press, 2007).

訳注

＊1　ルソーの『学問技芸論』、『人間不平等起源論』、『言語起源論』の表題は原語でいずれも「discourse」であることを踏まえている。

＊2　経済学を表す二語「political economy」と「economics」はややニュアンスが異なる。前者は一七世紀にフランス人テュルケ・ド・マイエルヌによって導入された（ホント『貿易の嫉妬——国際競争と国民国家の歴史的展望』田中秀夫監訳、大倉正雄・渡辺恵一訳者代表、昭和堂、二〇〇九年、三七三～四頁）。「economy」は本来家政を指し、「political economy」はそれを国家polis単位にまで拡大して考える知で、二〇世紀冒頭まで「経済学」の一般的呼び方であった。本訳書では両者の本文中での用例に原則として逐一原語を示す。

テクストに関する注記

【xxi】イシュトファン・ホントは大半の構想の場合と同様にカーライル講義をもっと膨らませた研究に仕立てることを望んだ。それは二〇一二年のイースター学期〔四月から六月まで〕に向けて準備していたケンブリッジ大学の大学院ゼミ（ルソー、スミス、マルクスを扱う）から解放されたらカントの比較思想的研究を含むものになるはずだった。またマルクスの比較思想的研究も含むはずだった。これらの講義は実際一貫性があってよく構成されているので、手を加える必要のない研究をなしている。イシュトファン・ホントは講義のパソコン原稿を各種残しており、そのなかで最新のものは本書で印刷に回されたテクストの原本として使われた。編者としてはホントの見事な文体をなるべく保って編集のために手を入れることを最小限にとどめようとした。ところが、これは明らかな誤記を訂正し、いまひとつ明快でないように思えるある種の表現や文の語句を変更することを含むことになった。一次文献の参照指示はみな編集作業の途上で加えたものである。二次文献の参照指示は、ホント自身の著述を除くと、その文献がテクスト内で言及されているときにしか付加していない。

第一章　商業的社交性——ジャン-ジャック・ルソー問題

1

COMMERCIAL SOCIABILITY

THE JEAN-JACQUES ROUSSEAU PROBLEM

【1】本書は商業社会を対象とし、商業社会における政治をいかに理解するかを論じる。政治思想史を先導役として、目下私たちにとって関心のある、別種の政治的展望を解き明かそうと試みるわけである。本書では一対の思想家を取り上げるが、一人が疑う余地なく共和主義者であるのにもう一人は通常そう見られないために、通常は互いに同類とされるよりも対比される二人である。彼らの政治学がいかに類似しているか、あるいは異なっているか、我々が理解することはそれである。私の狙いは、少なくともレトリック的〔表現技術的〕には、驚くべき並行と対照を生み出すことにある。ルソーとスミスを対比して、ルソーを近代性の敵対者、スミスを擁護者とみなすのは異常ではない。たとえより洗練された形式でさえ、この帰結を繰り返すならさほど面白くなりそうにない。むしろここでの試みは、過去三〇年間の政治思想の修正主義的歴史叙述から学ぶことである。私たちのルソー像やスミス像はどちらも変わった。あるいは、少なくとも変わるべきであった。さて、その新たなルソー像とスミス像を取り上げて並べてみるとどうなるだろうか。おそらくは彼らの思想の新しい側面や斬新な見方が注目されることになり、彼らの著作の理解が進むだろう。政治思想の新しい歴史叙述は陳腐化したので前に押し出してやるべきだ、という見方がケンブリッジから出されている。ジョン・ポーコックはかつて一七世紀に取り組み、今は一八世紀に取り組んでいるが、ケンブリッジ〔大学の学者〕が【2】一七世紀に限定していることに不満を表明してきた。以下の諸章は、この〔一七世紀から一八世紀への〕飛躍の一助となるように意図されている。

本章と次章の主題は、ルソーとスミスが、その政治を変えたいと彼らが望んだある社会類型についての見解を共有していたことを示唆している。それぞれの章の副題は「アダム・スミス問題」ばかりか「ジャン=ジャック・ルソー問題」があってもおかしくないこと、このジュネーヴ人とスコットランド人〔強調しておくが、フランス人やイギリス人と呼んではならない〕の思想の底に共通分母があると仮定すると、隠れた緊張関係や、おそらく逆説さえもがある〔とわかる〕ということも示唆している。私の意見では、スミスの思想は通常考えられているよりもはるかにルソーの思想に近い。加えて、私は一見急進的な議論に進む。すなわち、伝統的に主張されてきたようにスミスだけではなく、ルソーもスミスもともに商業社会の理論家であると私は論じる。少なくともいくつかの中核論点における二人の親近性こそ、彼らを比較研究の適切かつ興味深い主題とするのである。商業社会の理論家としてのルソー？　これは少なくとも我々の標準的なルソー理解の観点からは逆説的に聞こえる。もちろん、ここで提言したいのはまさしく、通常のルソー観が著しく不適切かもしれないというものである。

私はスミス研究者であり、したがって私の解釈は彼を理解しようとしてずっと苦闘してきたことによって推し進められている。にもかかわらず、本書では、ルソーはたんなる引き立て役ではない。スミスがルソーを読んだおかげで彼らの仕事は個人的面識ではなく学問的に関わりあった。スミスはルソーの本を書評したので、これが両者の新たな読みの可能性にとっての重要な鍵を与えるとみなす理由は委細にわたってある。本章末までに私はその書評を説明したい。そこまでの私の主な課題はその説明に入る準備である。

スミスを純粋に商業社会の道徳理論家と見るのは難しいとする「アダム・スミス問題」と呼ばれるものがすでにある。私はこの問題を本章末で手短に分析する。今はこのスミス読解を繰り広げてルソーをそこに取り込み、「アダム・スミス問題」とそれと相似形の「ジャン＝ジャック・ルソー問題」という二つの絡まり合う問題を提起するのだと言えば十分である。このことによって両思想家の考え方が著しく解明されることを望む。この二人組をかみ合わせる軸が商業社会という観念である。それを二人の哲学者の理解にいったん組み込んだなら【3】彼らの思想の一部が逆説に見え始めるかもしれない。本章はこの一見したところ屈折した接近法への序論である。私はこう問う。商業社会という概念はルソーとスミスを比較するための基本用語としてどう役立つか。商業社会とは何であるか。概念としてのその意味と歴史はどういうものか。

最初に、「商業社会」という用語は、政治思想の歴史叙述においては今ではよく見られるにもかかわらず、たやすく理解されてもいなければ、広範に用いられてもいないことを認めねばならない。その用語の根底には、明確な観念か概念がおそらくあるだろうが、近代の用法においては曖昧さを免れない。「商業社会」はスミス自身の用語である。たとえ彼の用法に強く理論的に近似した用法があったとしても、この語を言葉としてスミスと寸分たがわぬように用いた者はおそらく他にはいなかった。スミス自身が用いたことこそ「商業社会」という表現を歴史的に妥当にするのだが、その妥当性はさほど強くはない。辛うじて見られるにすぎない。

通常「商業社会」は取引する者、つまり市場経済的主体一般からなる社会を指し、活発な商業活動が見られる社会を描く。恐ろしくありふれているわけではないとしてもごく普通のこういう意味となったのは、スミスが社会の基本類型として、道徳的、政治的な探究の理論的対象にするために〔語義を〕拡張した結果であった。またスミスは商業活動や市場活動が量的に多く行われている社会を描くのにもこの用語を用いた。ある社会における商取引あるいは市販向け取引の量的増大は、スミスにとって社会変化の重要な指標だった。のちにギリシアのポリスに関する彼の説明のなかで見るが、スミスはある社会に取引活動の量的増大があることを、同社会における基本的な活動法における質的変化の指標として用いた。スミスはそのうえで商業社会という用語を拡張し、一般に商人が市場に参加するときのようにふるまって各自が商業的個人として関係する社会を描いた。スミスが言いたかったことは、彼ら自身の社会の内部での社会関係が市場的に、すなわちこういう市場の連携が求め、かつ課すような、効用で治められた関係になるということだった。

問題はそういう社会の成員が互いに大量に取引するかではなく、彼らがその社会内で取引相手として関係したかどうかであった。商業社会は第一にその外的活動を通じてよりむしろ、内的に商業的になっている。商業社会の概念は同社会の成員の特徴をなす道徳的特質を描いたもので、実際の物的取引活動そのものは描いていない。【4】キリスト教徒は伝統的に商業社会を強く非難した。キリスト教徒の取引人の共同事業《パートナーシップ》は、伝統的な意味での商業的結合または取引社会として表示されえたであろう。しかし、彼らが対外的取引活動をしても、その集団が必ずしもスミスの意味での商業社会に転じるわけでもないだろう。[*1] その集団が大きな慈善、友情、連帯で互いに結び合わされたキリスト教徒の同胞関係（少なくとも理論上は）であり続けることなら考えられる。しかしながら、ひとたび彼らが互いに取引相手として、キリスト教徒の同胞よりも市場の主体として、ふるまい始めるや、彼らは完全にスミス的な意味での商業社会となるであろう。

商業社会あるいは市場社会は、この名で呼べば容易に理解できるはずの、明らかに基本的な社会類型である。ところが、悲しいかな、私たちには理解できないことが多い。今日「商業社会」という用語は学界では流行しているが、間違って、また理論上不正確な意味で用いられることが多い。実際、**商業社会**が理論的カテゴリーとして正しく用いられることはほとんどない。もちろんこの手の問題は政治的言説の一般的特徴である。その中心カテゴリーのほとんどには、適切に指示され受容された名称がない。私たちは多くの曖昧で混乱した記述語彙を用いて語り執筆している。おそらく「国家 state」という用語をめぐる基本的な曖昧さに言及すれば十分だろう。実のところ、商業社会という問題は近代国家とは何かという問いに対する答えの特に重要な構成要素をなす。本書の題名である「商業社会の政治学」という文言は、商業社会を最も首尾よく補完してくれそうな国家とは何かを明らかにしようとすれば出てくる諸問題にふれたものである。

私たちの中心的な政治的カテゴリーを名づけることはこのように難しいのだが、それは新しい問題ではない。とはいえ、最近歴史的コンテクスト主義が発展の兆しを見せているので、何らかの前進を期待してもよかろう。経験的に言うと、コンテクスト主義は歴史上の政治的言説の範囲内での特定の語り方を明らかにするのには役立つが、しかし言葉の形式を超える鍵概念を名づける際には生産性が落ちる。「共和国 republics」なり「共和主義」、あるいは各種の型の自由といった用語の意味を特定しようとすれば出てくる周知の問題を考えてみよ。政治上の現象や概念を名づけることの曖昧さはただ歴史家にとっての問題ではすまず、歴史上の主題そのものに深く埋め込まれているし（ギリシア語のポリスやラテン語の**キウィタス**〔英語「city」の語源でもある〕といった鍵概念が翻訳不能なことを考えるだけでよい）、往々にしてそのことは非常に長期間にわたり根強く残っている。

【5】「商業社会」という表現は一八世紀の政治的言語のコンテクストで初めて現れた。その意味を最も生産的に捉える後のカテゴリーは何だろうか。おそらく最も有名な近代の標識はドイツの社会学者フェルディナント・テンニエスが一八八七年に考案した**ゲゼルシャフト** *Gesellschaft* と**ゲマインシャフト** *Gemeinschaft* の区別で、そこから現代アメリカのコミュニタリアニズム〔共同体志向主義〕という政治的言語が発展した。[1] テンニエスが政治思想史家であったことは重要である。彼はホッブズ研究者であり、彼のカテゴリーは基本的にホッブズの『法学原理――自然法と政治法』（テンニエス編）と『市民論』でよく使われた用語の翻訳であった。[*2] この事実を知ればテンニエスのカテゴリーにある種の歴史的な意味が回復される。というのも、一般に述べられているように、スミスとルソーがテンニエスを先取りしていたとみなすのではなく、実際のところ彼は政治的言語のなお古いカテゴリーを近代的な用法にあてはめたと見ることが可能になるからである。これは予弁法 **prolepsis**〔原因の説明に結果を繰り入れること〕を除去するが、ケンブリッジ学派は、実践上つねにではなくとも少なくとも理論上は、予弁法を過ちだと見てその拒否に異論なく賛成している。政治思想史家のなかには、英語圏の政治思想史において決してホッブズを退けえないことに気を重くする歴史家もいるが、**ゲゼルシャフト**と**ゲマインシャフト**の区別の場合、こういう逆行はもし実行したとしても（幸い限定なき逆行ではなく）、歴史的に正当化される。

商業社会という概念の系譜のコンテクストでは、時々はテンニエスよりもヘーゲルが言及される。ヘーゲルの「市民社会」という用語の正確な意味は複雑すぎるのでここで論じることはできないが、こう言っておけば十分だろう。すなわち、ヘーゲルの市民社会、すなわち**ビュルガー社会** *bürgerliche Gesellschaft* はラテン語の**キウィタス**のヨーロッパ各言語への標準的な翻訳であり、ホッブズが自らの国家理論で基軸として用いたのとまさしく同じ用語である。**キウィタス**はまたしばしば「国家 state」とも訳される。そしてヘーゲルの議論は国家の、より正確には**民族国家** *Volksstaat* の定義をめぐるもので、それはある程度革新的である。ヘーゲルにとって国家はキリスト教時代、ローマ滅亡以後の用語であった。それはローマ国家以上の意味を発するつもりで使われていた。というのもそれは、キリスト教の三位一体説の適用と抱き合わせて、ギリシアのポリスとローマの**キウィタス**を近代的に統合することと理解されるべきものだったからである。市民社会とは国家のもう一つの名称で、国家の構成素材あるいはインフラストラクチャー（基底構造体）を意味した。【6】それは、ローマの**キウィタス**の遺産を奴隷所有なき市場社会に合うように修正して描くものであった。

ルソーとスミス（そして潜在的には他の多くの者）の比較研究の手段として役立ち、商業社会を表す適切な近代的専門用語が存在するに違いないと考えると、端的に言って幻想になる。研究者が「商業社会」のような用語を用いるのは、大半がマルクス主義者の言葉や社会学のカテゴリーを避けるためである。「資本主義」「ビュルガー社会」「無機的社会」のような用語は今やカテゴリーとしては偏っていて不満を招くほど表面的に見える。「商業社会」という用語を採用することは、それらの語彙に善意をもって別れを告げることである。しかしながら、それは未完の旅であり、本章の一つの目的は政治思想における同語のありうべき用法に光を当てることである。次章では我々の書物〔主にルソーやスミスの本〕に実りの多い接近ができるような言語の層を掘り起こすために、カテゴリーや概念のこうした追究をいま少しだけ前に進めたい。

テンニエスの**ゲゼルシャフト**の概念がホッブズの国家の概念に直接負っていることは、文献上よく認識されている。対照的に、**ゲマインシャフト**はローマ的な源泉から取り出されたのち、一九世紀後半の人類学と社会学によって整えられたと一般に思われている。これは正しくない。どちらの概念もホッブズに由来する。このことが容易に認識されてこなかったのは、もともとのホッブズの用語法がすっかり忘れられたからにすぎない。ホッブズが対にした概念は「結合 union」と「和合 concord」だった。これらの基本的な概念は、『市民論』で重きをなすが、『リヴァイアサン』では隠れ、もっぱら結合に焦点が当てられるようになった。テンニエスは『リヴァイアサン』に通暁していた。しかし彼は『法学原理』の近代で最も重要な編者でもあった。結合と和合という用語法が前面に出ているのは、『法学原理』と『市民論』においてである。

和合ではなく結合が『リヴァイアサン』の主要概念であった。それは、代表による国家というホッブズ理論の基礎をなす根本的な考え方であった。テンニエスにおいては、**ゲマインシャフト**と**ゲゼルシャフト**の区別は、二つの社会概念の区分として「社会学的な」現れ方をする。ホッブズではそれはきわめて政治学的な区分である。和合と結合の区分は、共和主義と抵抗理論に対するホッブズの攻撃の**定型的な** *the* 中心綱領であった。ホッブズは『市民論』でアリストテレスの伝統の影響を消し去ろうと試みたが、それは人間が生まれつき社会的な存在であることをはっきりと否定することによってであった。それというのも、彼は生まれつき社交的な存在が生まれつき政治的でありうるという考え方を破壊しようと思ったからであった。ホッブズはどんな形態の国家であれ国家の基礎として自然的社交性が政治的効力をもつことを否定したが、それには【7】商業的な相互性が生み出す効用重視の紐帯も含まれた。その代わりに、彼は先立って存在する合意 consensus や前政治的な社会統合なしに、安定と平和をもたらす間接的人民主権の理論を構築した。ホッブズはこの理論に基づいて近代の政治学の創設者という称号を自らに要求した。彼は彼のコモンウェルスもしくは国家を「結合」として描写した。先立って存在する合意と、したがって社交性への基礎づけを必要とする代替モデルを、彼は「和合」と呼んだ。こうしたコモンウェルスの二類型への形式的区分は、既存の区別に基づいて打ち立てられたが、しかし彼は両者を共同体の別の形と見てその間に非常に太い分割線を引くよう主張したし、彼が提出した結合の起源の新しい説明法は真に革新的であった。

ホッブズは商業的社交性を自らの政治学的目的にとっては究極的に無関係だとして退けたと思われる。『市民論』において彼は、市民の「和合」または「合意」につなぎとめられて持続している政体など、はかない望みだと宣言した。「和合」の**反対概念** *Gegenbegriff* である「結合」のみが近代国家の基礎たりうる。結合は、人の生命に関する恐怖と自己保存欲に基づいた絶対的最低限の合意しか前提せずに、代表による政治的統一を創出した、とホッブズは述べた。ホッブズは人間がポリス的あるいは社会的動物、**ゾーオン・ポリティコン** *zōon politikon* であるというアリストテレスの考えを退け、社交的コモンウェルスという考え方の腰骨を砕いた。

それゆえホッブズは人間の生得的社交性という観念を退けた。もし「人が自らの仲間を生まれながらに愛するなら」万人が属する地球規模の社会があったのだろう、とホッブズは論じた。しかし一つの人類社会の代わりに、われわれは多数の国民や国家に分かれている。ホッブズは政治理論の目的は「万人愛」ではなく「自己愛」に基づくこれら個々別々の国民社会の慣行を説明することだと述べた。ホッブズの議論によれば、国家の効果的運営にとって「友情」は二義的である。彼は愛が人間生活で効果的な力をもってきたことを否定したが、効用が社会の真なる原因であることは認めていた。体系上は軽視されているものの、ホッブズには後天的な商業的社交性についての完全に実用的な理論があった。(2)

人は**ゾーオン・ポリティコン**ではないと主張したとき、ホッブズは人間には政治学の基礎として役立てられるほど高度な社交性の実質が欠けていると主張した。ホッブズの新機軸は【8】国家の基礎として先在する和合や合意なしに行動する政治学の展望を提供したことであった。今日では、このコンテクストでアリストテレスの友情の観念が社交性――それがポリスを生む――の対立モデルとして言及されることもあろうが、友情はこのコンテクストにおいてルソーやスミスによって直接取り上げられなかった。とはいえアリストテレスの区別は気にされてはいた。しかしスミスが『道徳感情論』において友情の問題と商業社会の構築を並べて扱っていることに気づくと興味をそそる。

ホッブズによると、社交性がないと一次的、根源的な形の和合はありえない。「和合」の語句は『リヴァイアサン』では新たな種類の国家の狙いを描く「平和と和合」という対句のなかに頻出する。このことは『法学原理』や『市民論』における**和合**の意味を明示するよりもむしろ隠す。和合はもちろん、結合の狙いであり結果である。国家には和合または合意が必要である。

ここでの問題は順番の問題、すなわち和合が政治体制の形成に先立つか、その帰結かである（これはナショナリズムの理論では周知の問題で、そこでは血や人種的近親性が国家以前の――また国家以後の――和合を保証する）。『リヴァイアサン』の和合は二次的で、国家以後の和合である。問題は国家以前に和合があったか、あるいはホッブズの国家によって創設された代替的な和合があったのかである。最後にテンニエスに立ち戻ると、彼が**ゲマインシャフト**を和合の社会的単位として記述していることは重要である。この意味で、テンニエスはいかなるルソーとスミスの比較においても述べられない三人目がホッブズだという考え方をほのめかしている。これ自体が興味深い論点ではあるものの、テンニエスから遡ってホッブズに至ることがここで私たちの興味を引くのは純粋に歴史的な関係の裏が取れる場合に限られる。幸い、そういう関係は存在する。スミスはホッブズの系譜に直接関わるコンテクストで商業社会の観念をもってきたのである。

スミスにとって商業社会はより低次の二次的な和合のモデルであり、結合によって創設された二次的な和合というホッブズのモデルへの付加、または代案である。スミスは商業社会について直接重要性を認めて二度語っている。『道徳感情論』で一度、『国富論』で一度である。前著での言及の方が重要である。というのは、そのコンテクストは直接ホッブズに関連づけられており、どんな直接的で明白な仕方であれ商業と経済学 political economy の論点を語る枠組の外部にあるからである。この著作でのスミスの商業社会論は道徳理論を論じた一部なのである。

【9】『道徳感情論』においてスミスは和合‐結合の区分をその語を使わずに繰り返し、その後にそれらの間に第三の中間語を挿入している。それは和合以下だが、結合の概念の底に潜む前提である社交性がまったくない国家以上である。スミスは同著で愛と恐怖と効用という社会の三つの形を描いている。

1．必要な援助が愛情、感謝、友情および尊重から相互的に提供される場合、その社会は繁栄し幸福である。その社会の異なる成員すべてが愛情や愛着という喜ばしい絆で結ばれ、いわば互いの尽力 mutual good offices という一つの共通の中心に引き寄せられている。(3)

2．しかしながら、社会は互いに害を与え侵害しようといつも待ち構えている人たちの間には存立しえない。侵害が始まる瞬間、相互の憤慨と憎悪が起こる瞬間に、その絆はばらばらに壊れ、それを構成する異なる成員は、いわば彼らの一致せぬ愛着の暴力と対立によって四方に散り散りになる。盗賊や謀殺者の間に何らかの社会があるなら、陳腐な見方だが、少なくとも互いに略奪し謀殺することは控えるはずである。慈恵 beneficence は、だから、社会の存在にとって正義ほど不可欠ではない。(4)

スミスはこれら両極の間に商業社会という第三のモデルを、非対称な仕方であるが、位置づけた。スミスの主張では、慈恵がなくても、最も快適な状態ではないけれども、社会は存立しうる。しかし不正義がはびこると社会は完全に崩壊するのみである。この、さほど快適とは言えない社会が商業社会である。

3．社会は、異なる商人の間でのように、異なる人たちの間で、その効用を感じるから、相互の愛情や愛着がなくても、存立しうる。そして、そのなかの誰一人として互いに何も義務を感じず、どんな他者への感謝で結ばれていなくと

も、ある一致した評価に従って金銭的な尽力の交換によって社会は依然として維持しうる。(5)

【10】『国富論』で、スミスはこの実体を商業社会と名づけている。(6)こうなると、他の誰かが効用に基づいた社交性という用語を用いたかどうか、またもしそうなら、それに何が起こったかを問う価値がある。もし実際に消滅したなら、なぜその用語がホッブズの政治理論についての人々の認識から消滅したのか。この問いに答えることに価値があるのは、ホッブズが戦略的に最も重視した狙いを強調したがゆえに、彼が他の慣用句を理解あるいは評価していなかったと考えられるからである。こうして、あまり目立たなくてもなお重要な主題についての彼の発言は、この社交性の例のように、おおむね気づかれず、確実に過小評価されてきたということである。

友情は真の和合という政治文化を創出できるし——逆に——それを解体さえできる、高度な社交性を意味するが、それはホッブズの挙動によってもち上がった最も論争的な問題ではなかった。社交性の観念で最もよく引用されるのは、社会が必要によって束ねられているという点であった。社会の原因として、またポリスの特異性の基礎としてのこの必要という主張は、往々にしてアリストテレスと結びつけられるものの、実は彼に始まるわけではなかった。ここで、このコンテクストにおいて、プラトンの『国家』とアリストテレスによる家政と外国貿易の網の目の記述の両方がよく引き合いに出された。ホッブズは確かに、社会が相互的な必要によって作り出されるという考え方を軽視し、またこの省略から生じる不平を書き留めた。ホッブズは自分の批判者への応答として企てた『市民論』第二版（一六四七年）の長い脚注の一つでそれらの考え方に答えた。少し後のプーフェンドルフのように、ホッブズも必要 *indigentia* が社会 *societas* の強力な原因であると認めた。というのも、それによって人間は利益 *utile*〔効用〕と利便 *commodium* を追求するよう促されたからである。必要は、友情や愛情とはまるで似ていないとしてさえ、安定した社会的機構を生じさせた。ホッブズが効用に基づく社交性を退けたと『市民論』初版に批判者が反論した際、彼は自分が「本性に促されて *natura cogente appetere* 私たちが互いに仲間 *congressus* を探し求めるということを否定して」はおらず、また人間が（本性に強いられさえして）集まろうと欲する *alteru, alterus congressum* ことも否定していないと答えた。[7] 人間は孤立した被造物ではなく社会的な被造物であった。爪に火をともすような欠乏のうちに暮らすことは純然たる悪だった。人間がもし孤立して生きれば、子供なら生き残れず、大人なら「よく生き」られないだろう。昔からある【11】動物社会と人間社会の比較は正しかった。人間はひ弱であり、獣のような恐ろしい生まれつきの武器（角、牙、針など）はもたなかった（カントは後に彼の「非社交的社交性」を定立するためにまったく同じ議論を用いた）。しかし動物の必要は限度があり一定である一方で、人間は身体的にはひ弱なのに別の能力があった。やがて社会によって人間は人為的武器（剣や銃）を身につけられるようになり、動物に見られるどの武器をも凌いだ。ホッブズは技芸や科学が「動物の生活をはるかに超える」ような「人間生活のとてつもない優越」の原因であるとして、それらを熱を込めて賞賛した。彼の主張では、言語——社交性の意思疎通手段——こそが、人間を動物に比べてかくも顕著に優れたものにした。言語が数理を生み、それが科学につながり、それが高度な物質文明に結実した。[8] ルソーもスミスもまさしくこの動きを再述した。後の分析でそれを取り上げねばならない。

要約しよう。ホッブズは身体的な必要が効用を通して社会の重要な形成因になると認めていた。しかし、彼は社会をもたらすもう一つの要求が人間にはあると強調した。すなわち、他人から認知されたいという要求である。これは心理的な必要で、強さと本源性の点で身体的な必要に劣らない。認知してほしいという催促は強く、社会をつくらないと満たされない。しかしホッブズはそれがたいへん分裂的な必要だとも力説した。認知は卓越欲として現れ、そうであるだけにそれはゼロサム・ゲームとして勝者と敗者を生む。このため、効用主義的な経済的社交性は加算的でありうるのに対して、認知に対する心理的必要は、認知が厳密に平等でないと加算的になりえない。ホッブズはその可能性を否定した。彼によると、心的必要の力学は身体的必要の力学に勝るようにできており、後者ではなく前者こそ政治を理解する基盤であった。

強い社交性から和合が生まれるが、ホッブズの構図のなかではそれは退けられる。残るのは効用と誇りの間での闘争、敵対、緊張関係——呼び方は任意である——で、ホッブズはそのなかで政治を理解するには誇り、栄光の追求、または虚栄心の追求の分析をもたねばならぬと主張している。言い換えると、政治学の理解は認知の政治学に始まるのであって【12】市場や経済的協業の政治学に始まるものではないと述べている（このようにホッブズは他の誰もと同じく二つが別物だとよく知っていたが、これらは認知の政治学とは別の連関だと見ている）。無政府は虚栄心の産物である。ホッブズは誇り、あるいは自尊心 *amour-propre* が崩壊をもたらし、崩壊が結合を求めるとする。本書の主題はルソーとスミスであってホッブズではないので、ルソーが『人間不平等起源論』の末尾でこれと同じ議論を繰り返している点は言及に値する。ホッブズの鍵となる議論を支持することがルソーの『人間不平等起源論』の目的の一つであり、自尊心と商業の結合は近代ヨーロッパの君主国における社会的、経済的力学の背景にあって大きな安定化要因になりうる、というモンテスキューの主張に対するルソーの批判の中心部分をなす、と言えるかもしれない。これについては後の章で話すつもりである。

一六四〇年代当時、ホッブズに浴びせられた批判は、このような根拠に立つものであった。すなわち、効用がもつ統合的な社交性が、認知の政治学と絡まり合う常在の力としてゲームの中で確保されるべきだったと主張していた。後の諸章での私のルソー解釈では、認知の政治学はルソーやスミスではなくホッブズの考案に成るということが重要な点となるだろう。ここで言いたいのは、商業的社交性の思想が人間社会の必要、相互的必要の重要性を救うという目的をもっていたことである。商業社会の思想は、一方で**ゾーオン・ポリティコン**（また和合をもたらしうる強い社交性という関連思想のすべて）の思想を棄却する点をホッブズと共有する。しかし、認知の政治学が人間の連合 association において積極的に働く社交性なる力としての効用という統合力を完全に圧倒するというホッブズの発言からは引き下がっている。

この救出はザムエル・プーフェンドルフが初めて定式化した。彼の革新性は、ホッブズ自身の言語にあるこの本質的にアリストテレス的な点を再述したことであり、またホッブズ自身の方法と修辞法を用いて政治と国家の起源を直接に説明するのではなく、まず社会の起源を説明すべく調整された自然状態の別個のモデルを作る手順を発案したことにあった。このホッブズの言説へのアリストテレス主義の導入は、後に社交主義 socialism と呼ばれたが、それは（**ゾーオン・ポリティコン**の色濃い社交性よりはむしろ）自然法学のこの強い効用主義的な構築にあたって社会に基盤が存在することに依拠したためである。私はルソーとスミスが社交主義者だと述べているわけではない。そうでなかったことは重要で、後述するつもりだが社交主義の子は功利主義である。まさしく一八世紀後半にイタリアでキリスト教系の批判者から社交主義者と非難されたのはチェザーレ・ベッカリーアであった。【13】この意味での社交主義の伝統は一九世紀前半には個人主義と改名され、近代の社会主義者は色々な意味で本来の法学的、功利主義的社交主義者の継承者ではなく、その敵対者の継承者である。著名な例外はピエール－ジョゼフ・プルードンとカール・マルクスだが、それは実際本章ばかりか本書の主題ですらない(9)。

アルバート・ハーシュマンの示唆によると、こうした展開は情念と利害の対照といった一種のマキアヴェッリ的、あるいは国家理性的な言語のなかで理解すべきである。これは商業社会が効用と誇りの対照や対立に根ざす概念枠組を下敷きにしたものだということを示唆している。強い社交性は第三の用語になろう。だから情念対利害の代わりに効用と自尊心の相互作用を近代商業社会のいわゆる安定化要因として語ってもよい。これはカントが「非社交的社交性」と呼んで、その分析が社会科学、つまり社会の科学*3の発展可能性の鍵を握ると論じた方程式である。スミスが商業社会として描いたものをカントは非社交的社交性 *ungesellige Geselligkeit* と呼んだわけである(10)。カントの用語が役立つのは、概念を生産的歩み寄りとして意図的な撞着表現（または少なくとも一種の折衷表現）にしてくれているからである。これはカントの有名な隠喩によると、歪んだ材木でできた人間性が実際能《よ》くなしうる社交性である[*4]。

「非社交的社交性」は「商業社会」と同様に使用者が一人の語であり続け、頭抜けてはいるが奇矯な思想家という刻印を帯びている。少しならともかく、それがしばしば繰り返される姿は見られない。他方、一八世紀に見出されるのは、この見方を示す代用表現である。この代用表現の最も重要な用例は、近代と古代の立場を問題提起的に関連づけるとき、特に道徳哲学で見られる。誰しも古代思想を学び【14】古代史を学ぶ。近代の立場はそれぞれ古代の姿勢を蘇らせる試みとして特徴づけられる。思想家は新プラトン派、新アリストテレス派、新ストア派、新エピクロス派等々と特徴づけることができる。各派ともキリスト教と混合させたり並べたりできよう。もっと重要なのは、近代の論争が古代のそれの再現とみなせる点である。テーゼもアンチテーゼも、少なくとも何らかの形において前もって知られていた。革新性やその欠如は簡単に見つかるだろう。

この事実に注目することが重要なのは、それが一八世紀の文体と思想のある一部分を回復するからである。ただ方法上の留意点はある。こうした新古代的カテゴリーは近年研究が進むなかで回復されただけでなく、それらが指示する一八世紀の道徳・政治哲学の立場を適切に示すものと受け止められている。その歴史性は疑いの余地がない。事実として、ストア派とかエピクロス派といった形容詞は、私たちがいま直面している同じ困難を解消するための代用カテゴリーとして広く使われている――それだけに、立場の命名は歴史的または準歴史的な系譜学を付さない限りとても困難だということである。こうしたレッテル貼りのツールはかつても今もあり、古代の立場のある特徴を取り上げて近代の立場を指すのに使われた。それらの深みは様々であり、その正確な意味をめぐる議論は盛んであった。こうしたレッテルは代用品や論争の道具として復活すべきで、その際それらが適用されていたときと同じ深さを保つべきである。古代の道徳哲学を近代的なレッテル貼りのために論争的に使うと今日では反論を招くが、当時も議論を呼んだ。一八世紀に使われたときに与えられたよりも複雑な意味でそれらを取り扱うべき謂われはない。こうした古代の立場を近代的に洗練させて再構築したうえで置き換えると、初期近代や一八世紀の論争の理解が阻まれることが多い。現代の哲学的意味や概念的可能性の明確化に役立つとしてもそうである。むろんこの技法は一八世紀にもつねに哲学者によって用いられていた。しかしそれをこの水準を超えて使うと有益ではない。それはコンテクストからの逸脱である。

ホッブズは自分の政治哲学の議論をアリストテレスの**ゾーオン・ポリティコン**の観念を退けることから開始したが、社交性に基盤をおかずに社会をめぐる議論を再構築するということはプラトンやアリストテレスに帰らないことを意味する。むしろ議論の再建は道徳哲学の後期ギリシア、すなわちヘレニズム諸学派間の対比という観点、通常はエピクロス派とストア派の対比という観点から進められた。【15】エピクロス派とストア派には強調の光を当てられた面が多々あるが、基本的にエピクロス派は人間には基礎となる社交性はないか、とても弱いとする立場を示し、他方でストア派は社交性の理論の代名詞であった。両派とも道徳哲学者で、議論が宇宙観に関わらないときは、その教説は道徳哲学の基本形を示すものとして描かれた。道徳哲学の理解では、ストア派は幸福と効用より徳と道徳が優先すると見る立場をとった。エピクロスもまたとても道徳的な人として認められていたが、道徳を幸福を成就する手段にした人として描かれた。道徳哲学の教師が、道徳論をストア派とエピクロス派における目的と手段のこういう基本的区別から始めるのは普通であった。この手の議論の原典 Urtext はキケロの『善悪の究極 *De Finibus*』であることが多かった。[*5] というのは、同書は二派の立場を包括的に描くだけでなく、短所の論証も含んでいたからである。アダム・スミスは一七五〇年代のグラスゴウ大学での道徳哲学史講義でこれを用い、ほぼ同時代人のイマヌエル・カントもケーニヒスベルクで同じ話題を講じたときに用いた。後ほどスミスが同書をどう使ったかを略述する機会をもちたいが、導入としてはカントの『倫理学講義』における古代学派の明快な定義を見るのが有益である。(11)

私はここで後期の批判的道徳哲学に基盤をおいてカントを権威として使うことはなく、スミスやルソーにとっての同時代の準拠的なテクスト controlling text として用いている。後述のとおり、カントは古代の立場の当初の類型に、特にキュニコス派とディオゲネスを追加することで、自らの道徳哲学史においてルソーに相当する者の場所を作った。彼は『善悪の究極』を出発点として用いて、古代の哲学者は「最高善 *summum bonum*」の定義から始めたと述べている。最高善は物理的善と道徳的善からなる。それぞれは目的と手段をめぐる議論によって結合される。カントによると、エピクロスは幸福が目的で道徳はそのための手段だと信じた。他方でストア派の祖であるゼノンは【16】反対だと教えた。ストア派にとっては道徳が目的であり、幸福は道徳の帰結である。ストア主義は道徳の至上性を教えたが、エピクロス主義は道徳を幸福追求の帰結として描いた――重大ではあるが二義的なものとして描いたのである。基本的には道徳哲学におけるこうした目的 - 手段の組合せ方こそが一八世紀の議論の根底にある構図を生み出した。この議論のなかで道徳の優先性は社交の優先性と関連づけられ、道徳がないか少なくとも生得的にはなかったことが、人類の本源的社交性の否定と結びつけられるようになった。この結果、ストア派とエピクロス派の差は、道徳・政治哲学の根底にある人間学的カテゴリーとしての社交性問題についての対立へと読み換えられた。近代の規準もそのようにつくられた。ホッブズは人間の社交性を否定する者として描かれたので、エピクロス派扱いされた。彼の自然状態は明らかに社交性が消滅するか不十分な極小にまで削られた状態であった。「商業社会」と少しでも似た想定をするか、近いもので置き換えた場合ですら、やはりエピクロス派として描かれた。「商業社会」という表現にさほど出会わないか、それを明快に分析する議論がたくさんなくとも――おそらくプーフェンドルフは異彩を放つ例外である――、自然状態という概念とその派生物の長所や効用が問題にされるときは、エピクロス主義だという訴えによく出くわす。

道徳論と社交性論をこのように直接つなげることが、初期近代の伝統にいつも見られるわけではないが、特にアダム・スミスはまさしくこの伝統のなかでグラスゴウ大学の師にして先行者であるフランシス・ハチスンに教育された。ハチスンは自分の前任者から、少なくとも概念的にはプーフェンドルフの思想を中心に編成された自然法学と道徳哲学のカリキュラムを引き継ぎ、道徳と社交性の概念をほぼ互換的に用いた。彼は双方を擁護し、自らを近代のキリスト教的ストア派と説明した。彼はエピクロス主義を、人間の基本的社交性や道徳性を否定する立場と結びつけ、これを見下して論難した。彼は明らかにホッブズを近代エピクロス派の先頭を切る者と名指した。プーフェンドルフはホッブズ批判者であり、キリスト教的な社交性の支持者だとしても正しいと考えられるが、ハチスンから見ると彼は種別としてホッブズ派であった。というのは、彼はホッブズの自然状態論の手法を社交性論にあてはめ、それゆえ少なくとも最初は社交性を効用から導出したからである。スミスはハチスンからこうした立場を捨てるように教わったのである。

【17】ハチスンは学問的言説のなかではプーフェンドルフを標的として用いたが、彼の真の敵はバーナード・マンデヴィルだった。オランダ人で『蜂の寓話』の著者である彼をハチスンは道徳と有徳な政治学の敵とみなした。彼にとってマンデヴィルは危険なエピクロス派であった。ハチスンはアイルランドで共和主義思想家の集団に出入りし、後に道徳哲学の教授職に就いたとき、アイルランドのコモンウェルス思想〔共和主義思想〕をグラスゴウに輸入した。彼の教室で若きスミスが共和主義的政治学、キリスト教的新ストア派倫理学の教説の入門講義を受けたが、それらは商業社会に対する内心の嫌悪、ホッブズ、プーフェンドルフ、マンデヴィルの名と結びついたある種の社交性欠乏論を基盤にもつものであった。ハチスンは彼の大著――彼のアイルランドとグラスゴウでの教育経験を集大成した大著『道徳哲学体系』――が寄せ集めだと書いたが、これはおそらく彼が同作を哲学的語り方の不首

尾な混合物とみなしていたことを示すのであろう。彼はたぶん自分のストア主義と共和主義を、当時のアカデミックな自然法学を支配していたポスト・プーフェンドルフ的枠組のなかでは適切に表明できないと言いたかったのだろう。しかし、法学的な衣をまとったものから彼の道徳的・政治学的立場を見分けるには用語法が役に立つ。彼の道徳・政治哲学、彼のキリスト教は、人間の固有の社交性が重要だとする強固かつ根源的に道徳的な立場をとる必要を主張するために一体として利用されるときに、よく一貫性を保っている。

ここで私は本章の副題とした「ジャン-ジャック・ルソー問題」を導入しようと思う。むろんこれは冗談だが、まじめな意図を込めた冗談である（ジャン-ジャック・ルソーの問題——あるいは問い——をめぐるエルンスト・カッシーラーの類似のフレーズと少し異なる）。このフレーズは、アダム・スミス理解にとって長らく中心的な躓《つまず》きの石とみなされてきた、いわゆるアダム・スミス問題をまねたものである。この「問題」はアダム・スミスが道徳哲学で『道徳感情論』、経済学 political economy で『国富論』という二大著作を上梓したという幸いならざる結末を指す。アダム・スミス問題とは基本的に両著作の一貫性に関するもので、市場に道徳はないので市場理論家にも道徳はないという哲学的想定に基づいている。それは誤解（また実際『道徳感情論』とは何かを単純に知らないこと）に基づくものだが、道徳についての純然たる議論とみなされ、このためスミスが熱心に自由取引《フリートレード》を説く経済学者 political economist であることと両立しない思想とみなされたのである。この結果、スミスは前著を書いてから後著を書くまでに心変わりし【18】、それはフランスのエピクロス派唯物論者とフランス啓蒙における重農学派の影響によるとされた。

この間の経緯を伝記的な物語として見ると、一九世紀末までに、結局は論駁される。哲学的な物語として見ると、アダム・スミス問題とはドイツ人の鈍い色合いの精神の所産である。これは同フレーズがいまやすっかり好まれなくなったことの一因である（この語はスイスで活躍したドイツ人経済学者アウグスト・オンケンが一八九八年に造語した）。よく言われるが、『道徳感情論』は『国富論』と同じく商業社会の分析で、二冊は同じ標的を分析している。これは当たっているとしても〔アダム・スミス〕問題を退けており、本来の論点を見失っている。商業社会やその分析全般を道徳的とみなせるのか、またみなすべきなのか。アダム・スミスはこうした成功の望みが薄い基盤の上にいかに道徳を据えつけられたのか。彼が本当に商業社会を道徳の源泉として分析しようとしていたのなら、ホッブズ派やエピクロス派に近づきすぎる危険を犯していたことになる。この場合、多くの近年のコメントが言うとおり、二著には調和があることになるが、それはいずれも道徳を扱わないからである。後に見るつもりだが、同時代のスコットランド人の多くは『道徳感情論』に関してこういう見方を抱いていた。この問題に何らかの光を投じることが本書のこの後の部分でのスミスとルソーの比較の主題となる。

いわゆるジャン－ジャック・ルソー問題はある意味でアダム・スミス問題の裏返しである。スミスが当時の商業の現実と政治の擁護者とみなされていたとすれば、ルソーはその批判者のなかで最もではないにせよ最高度に非妥協的だと広く認められていた。商業社会に関する道徳的立場と政治学的立場が呼応するように構成するのが正しければ、ルソーは反エピクロス派側の根強いモラリストのはずである。ところが、想像力をどの方向に伸ばしてみても、彼はその手のモラリストではなく、これが当時も今も彼の友人の大半が彼を解釈することを難しくする事実なのである。彼の道徳的人間学と政治学には食い違いがあったが、これはアダム・スミス問題を裏返したものである。面白いことに、おそらくアダム・スミスこそこれを印刷物で初めて指摘した人物であった。ルソーの『人間不平等起源論』は一七五五年四月後半に公刊され、同書をめぐるスミスの書評は一年もたたない一七五六年三月に、短命だった第一次『エディンバラ評論』の第二号（結局は最終号になる）に掲載された。ここでスミスは師ハチスンが属するブリテンの世代の業績より後のフランス道徳哲学の状態を概観した。スミスが言うには【19】先行世代のブリテン人モラリストは真に革新的だったが、一七四〇年代以降は非常に興味深いことにフランスの道徳哲学が活況を呈しており、この部分からこそ革新的な仕事の次の波が予期されるのであった。彼が論じた他のどの著作に比べてもこのコンテクストのなかでのルソー論は長く、当時としては珍しく率直かつ分析的なうえに、明らかに挑発的であった。

ハチスンは社交性重視の立場としての共和主義と新ストア主義を混合して継ぎ目なく一体化した発言をしていたが、スミスが彼に不満をもつ生徒だったことを思い起こそう。スミスはこのジュネーヴ人が根強い共和主義者で、この政治的信条についてプラトン的な崇高さをもって書いたことを知っており、ルソーが故郷の町に向けて説いた『人間不平等起源論』の結論の賞賛すべき愛国主義を特にほめた。それでも書評の要である、最も劇的な言明は、ルソーの著作の根底的な道徳的、理論的言説は、ハチスンの宿敵たるバーナード・マンデヴィルの著作に酷似していて、おそらくそれに負っているという点であった。スミスはマンデヴィルが「私悪は公益なり」という逆説の書き手であることにふれていない。これは一七〇四年のジャコバイト系フェヌロン主義〔ジャコバイトはステュアート朝の支持者、フェヌロンは反ブルボン朝自由主義者〕を攻撃したマンデヴィルの初期著作のスローガンで、一七一四年に詳述された[12]。スミスはルソーがマンデヴィルの『蜂の寓話』の初版に似ているとはしなかった。彼はむしろ『人間不平等起源論』と『蜂の寓話』第二巻の類似を指摘している。これは最初の『蜂の寓話』とは別の本で、一七二八年に初めて公刊され、名誉と愛国主義の概念に関するマンデヴィルの一七三二年の本をもって完結した[13]。最初の『蜂の寓話』はフェヌロンの『テレマコスの冒険』に対する攻撃だったが、第二巻はマンデヴィルからシャーフツベリへの反論であった[14]。それは社交性の、それゆえ道徳の基礎に着目した著作であった。特記すべきは、同作が自尊心の観念と語彙の周りを回るもので、英語の同義語を造語しようとして、革新的なことに反対の道徳的意味を帯びうる語を繰り返して造語した点である。スミスはなんらためらわずに、ルソーの立場の基盤が、人間の自然的社交性の否定から始めて【20】マンデヴィル同様に、近代文明の道徳的・文化的にいっそう洗練された特徴の出現を説明できる歴史を書くものであると認識した。

マンデヴィルとルソーは異なる角度からこの話題に至ったが、共通の要素は明白である、とスミスは記した。「両人とも人間のなかには社会を社会自体のために求めるよう必然的に定める強力な本能などないと想定している」[15]とスミスは書いた。ここにはマンデヴィルの俗流さを避けた共和主義があるが、それでもハチスンの共和主義とは反対の基盤から始めている。支配的な道徳理論の定型では、これはエピクロス派、あるいはホッブズ主義者の共和主義である。スミスは、ルソーがマンデヴィルを批判して、このオランダ系イングランド人の書き手を大幅に改善した道徳的基盤のなかのある一点に注目した。マンデヴィルは人間の気質における他人に配慮する一つの本能または感覚を認めた。それは、憐み、すなわち他人の痛みをともに感じる能力である。マンデヴィルにとってこれは強力な自己中心的または利己的な行動であった。しかし、スミスが注記したように、ルソーによると、憐みの背後にある心的機構はそれをはるかに上回るもの、つまり徳、もっと正確に言えば複数の徳、マンデヴィルの利己的体系が否定するあらゆる徳や賞賛に値する行動類型を生み出せるのであった。エピクロス主義と結びつけうる立場にとても近い論調をとるスミスは、ルソーにとってはそうやって徳を生む機構自体は徳ではなく、それゆえ社会的立場に無関係にどんな人間のなかでも作用しうるものだとつけ足している。スミスはここで、社会のなかでのある人の文化的立場がもつどの属性も高くなくても道徳的文化を生むような立脚点をほのめかしている。彼にとってこれは誰もが参加できる民主主義的な道徳文化の基盤なのであった。

スミスはルソーを秀麗なマンデヴィルとして描き、彼がこのオランダ人につけ加えた進歩を承認した。おそらく『道徳感情論』におけるスミス自身の仕事も同じ戦略をとっている。同書の礎石はルソーにマンデヴィルを超えさせた洞察であり、それはすなわち憐みの機構を道徳のすべての考えられる型について一般化することであった。アダム・スミス問題を解明するためには必ずこの試みを吟味しなければならない。すなわち、憐みという本能【21】を道徳自体の原型として使うこの試みを、有望な純然たる道徳理論と評価するか、それともたんに誤った基盤から始めているがゆえの失敗と評価するかしなければならない。同じことはジャン-ジャック・ルソー問題にもあてはまる。ルソーの共和主義を評価するには、ルソーの政治学にとってこの出発点の帰結を明確化する必要がある。ルソーは彼自身の時代にはよくエピクロス派、あるいはホッブズ主義者として描かれたが、この非難の正しさを検討しなければならない。いずれにせよ、経済学者 political economist スミスと経済学の第一の批判者ルソーは道徳的基盤を共有していたと思われるのである。このこと自体が徹底した検討に値する。

スミスはルソーの道徳的出発点をいかに賞賛、評価したにせよ、彼の政治思想を支持したわけではない。彼ならばルソーの共和主義を難じたであろうとは少しも明言できないが、道徳と政治という、ルソーの言説の二つの部分の結合の仕方にはとても批判的であった。ルソーは初期の人類史を対照法を用いて好ましいものに仕立て上げたが——悲惨の観念を描いたマンデヴィルと外見上は逆の結論で終わる——スミスはルソーが田園小説と絵画の技法を使うことでそうできたと見た。これは賞賛を意味せず、崇高なプラトン主義の修辞的達成も皮肉な発言に見えるのと同様である。スミスが言うには、ルソーは哲学的化学も用いた。それはむろんたんなるテクスト上、概念上の利口な操作を説明しているのではない。ヒュームは利己的な体系を発展させたフランスのモラリストの技法を描くために、哲学的化学の考え方を用いたが、その利己的体系とは道徳生活の偽善を論証し、外見上道徳的、社交的なありとあらゆる行動にはその背後に利己的な動機があるとする体系である。[16] この解明に従うと、ルソーはラ・ロシュフコーやマンデヴィルの諷刺の熟達した模倣者らしいが、その反対の文学ジャンルをとって擬装したことになる。さらに重要性が高いのは、スミスが正義と政治の起源についてのルソーの考えを激しく批判した点である。彼は誇りなり自尊心が歴史的発展の所産だとの考えを容易に認める。しかし正義と統治が自尊心、つまり人間の卓越欲の所産だというマンデヴィルにもルソーにもある考え方は退ける。スミスによるとルソーの見方はこう要約される。「現在人類を不平等にし続けている正義の法は【22】元来狡猾で力のある人たちが同胞たる他の被造物に対して不自然で不公正な優越を維持または獲得するために考え出したものである」[17]。スミスはこれにコメントしていないが、彼の著作を読む人は彼が否認したことがわかる。

構図がかなりわかりやすくなった。この解釈が正しければ、道徳の基盤についての理論ではスミスもルソーも同じで、もしかすると政治的目的や夢の一部も同じである。この書評でスミスが共和主義に反対した実質的な兆候はない。スミスに一七八四年に出会ったフランスからの旅人バルテルミ・フォジャ・ド・サン-フォンが伝えることから、スミスがルソーに賛意を表明してサン-フォンにルソーの「『社会契約論』はそのうち彼が浴びた責めをみな一掃する」[18]と述べたらしいことも知っている。しかしスミスは『人間不平等起源論』（同書の細部についてはのちになお述べるつもりである）の少なくとも自分が批評した本文における、ルソーの構想の二つの目的を彼が結合した方法には実は反対していた。確かに、少なくともある点までスミスとルソーは道徳理論が同じだったとしても、道徳の基盤と社交性の型という同じ概念に読みとった政治学についての見方では、二人に違いもあった。もっと正確に言うと、道徳理論に別々の政治理論が接ぎ木され、それぞれがたいへん異なる共和主義に帰着したのである。この命題の探求が本書の主たる狙いである。

＊　＊　＊

いまや私は本章のまさしく最後の部分に進む。ルソーとスミスが決定的に共有したもう一つのものは野心であった。彼らは一七五〇年代の半ばに大体同時に政治思想の大がかりな構想のためのよく似た立案を展開していた。両人ともモンテスキューの『法の精神』に痛く感動し、またおそらく不満も抱いていた。彼らはともに同書の理論構築が不十分か、あまたの事実と経験的分析の海の下に理論が潜ってしまっていると感じていた。両者ともまた、近代の自然法学と国際法の伝統を打ち立てた本であるグロティウスの『戦争と平和の法』の同等物かそれ以上の本として用立てうる体系的な政治学書が必要だと感じていた。スミスは一七五九年に『道徳感情論』を刊行したとき次の本の構想を告示している。【23】その構想のなかの本は『国富論』と重なる部分もあるがそれとは別で、私たちは『国富論』第三篇全体がこの構想に由来するものだと知っている。スミスは正義についての古代のモラリストの著作に不満を表明した。彼はまた、近代の諸国民の法体系が発展し法的批判を受けるために頼りにできる規範的な教本的言説がないことも嘆いた。「異なる国々の法の異なる欠点や改良点に関する法律家の推論は、あらゆる人定的制度から独立に、いわば正義の自然的規則を研究する機会に与るべきであった」が、実際にはなく、もしあれば「あらゆる諸国民の法を貫いてその基礎となるべき一般原理の理論」に結実しうるだろう。彼は続けて自分の野心をこう表明した。

> グロティウスはあらゆる諸国民の法を貫いてその基礎理論となるべき原理の体系のようなものをこの世界にもたらそうと試みた最初の人物であったと思われる。そして戦争と平和についての彼の論著は、その不足点すべてを勘案しても、おそらく現在のところこの主題について書かれた最も完全な著作である。私は別の著述のなかで法と統治の一般原理、社会が別々の時代や時期に経験した異なる革命の説明を、正義に関わる面ばかりか、内治、収入、軍事その他法の対象となること全般に関わる面についても行なうつもりである。(19)

ルソーもやはり自伝のなかで、考えられる最良の形態の統治という大問題に答えたいので政治制度についての本を書くつもりだと告げている。このためには彼なりに、初めの問いとは違うがそこから出てくる問いに答える必要があった。その問いとは「法に本性上最も寄り添った統治とは何か、それから生じるが、法とは何か」である。(20) 私たちは『人間不平等起源論』、『言語起源論』、『社会契約論』がこの構想の中身だと知っている。ルソーはそれを体系的着想であるという意味ではおそらくグロティウス的に説明した【24】が、グロティウスとホッブズが政治的権利の捉え方においてすっかり違うとは思わないと明言している。グロティウスを賞賛してホッブズを拒否する人は、根底にある問題について自分がいかに無理解かを示しているのだ、とルソーは記した[21]。ただ彼は理解してはいてもホッブズを補修する作業は決して完成しなかった。

明らかにルソーとスミスの野心は目に見えて似ており、ほぼ同じものである。著作が完成しなかった点も同じである。『国富論』や『社会契約論』といったれっきとした本が私たちがもつすべてだが、それらはたんに断片なのである。失われた体系はおそらく完全には再現できない。だがその輪郭、意図、主たる理論的方向性は大半が再現できそうだ。こうした再現は、これらの思想家を死せるテクストの著者であるだけではなく、私たちの同時代の理論構築作業に取り組む大人物としても知りたいと思うなら、生じるはずである。彼らの政治学を組織的に比較すればきっと役に立つ。これが本書の野心である。疑いなく、本書の各頁における私の命運は、素材とした二人の書き手のそれと同じになるだろう。しかしこの構想の要点とその必要が明白になれば、私の目的はすでに達せられたのである。西洋の現行国家形態の観念学的歴史——近代の代議制的、商業的共和国の観念学的諸起源——を学ぶと、それがルソーの著作とスミスの著作を統合した結果であることが容易にわかるだろう。それらがそもそも両立可能だとすれば、両者とも商業社会の理論家だからこそである。特にエマニュエル＝ジョゼフ・シェイエスの政治思想は両者の合成物とみなせて、代表的な労作が創出した商業社会の理論に足場を固めたものである。ルソーとスミスの失われた大政治理論構想の形を再現すれば、この融合についての判断を下せるし、ホッブズ以降に理解されてきた近代国家のあり方に潜む内情の一部を学べるであろう。

注

（1）Ferdinand Tönnies, *Gemeinschaft und Gesellschaft: Abhandlung des Communismus und des Socialismus als empirischen Culturformen* (Leipzig: Fues's Verlag, 1887). テンニエス『ゲマインシャフトとゲゼルシャフト――純粋社会学の基本概念』杉之原寿一訳、岩波文庫、上・下、一九五七年。

（2）Thomas Hobbes, *De Cive: The Latin Version*, ed. H. Warrander (Oxford: Oxford University Press, 1984), 1.2. ホッブズ『市民論』本田裕志訳、京都大学学術出版会、二〇〇八年、三二〜三頁。

（3）Adam Smith, *The Theory of Moral Sentiments*, in *The Glasgow Edition of the Works and Correspondence of Adam Smith*, ed. D. D. Raphael and A. L. Macfie (Oxford: Oxford University Press 1976), II.ii.3.1.［以下の略記法は *TMS*］スミス『道徳感情論』水田洋訳、岩波文庫、上巻、二〇〇三年、二二二頁。

（4）Ibid., II.ii.3.3. スミス『道徳感情論』上巻、二二三頁。

（5）Ibid., II.ii.3.2. スミス『道徳感情論』上巻、二二三頁。

（6）Adam Smith, *An Inquiry into the Nature and Causes of the Wealth of Nations*, in *The Glasgow Edition of the Works and Correspondences of Adam Smith*, ed. R. H. Campbell, A. S. Skinner, and W. B. Todd (Oxford: Oxford University Press, 1976), I.iv.1. スミス『国富論』水田洋監訳、杉山忠平訳、岩波文庫、第一巻、二〇〇〇年、五一頁。

（7）Hobbes, *De Cive*, 1.2 annotation. ホッブズ『市民論』三五〜六頁〔ここはラテン語版に基づいて英訳されており、ラテン語からの邦訳と細部は一致しない〕。

（8）Hobbes, *De Homine*, trans. C. T. Wood, T. S. Scott Craig, B. Gert, in *Man and Citizen*, ed. B. Gert (Atlantic Highlands, NJ: Humanities Press, 1972), chap. 10, sect. 3-5, pp. 39-43. ホッブズ『人間論』本田裕志訳、京都大学学術出版会、二〇一二年、一三八〜四三頁。

（9）プーフェンドルフの社交性理論と一八世紀の「社交主義」については次を参照。Hont, "The Language of Sociability and Commerce: Samuel Pufendorf and the Theoretical Foundation of the 'Four-Stages' Theory," in *Jealousy of Trade: International Competition and State in Historical Perspective* (Cambridge, MA: Harvard Belknap, 2005), pp. 159-84. ホント「社交性と商業の言

語――ザムエル・プーフェンドルフと『四段階』理論の理論的基礎」前田俊文訳、『貿易の嫉妬――国際競争と国民国家の歴史的展望』田中秀夫監訳、昭和堂、二〇〇九年、第一章、一一七～三八頁。

(10) Immanuel Kant, "Idea for a Universal History with a Cosmopolitan Aim," trans. A. W. Wood, in *The Cambridge Edition of the Works of Immanuel Kant: Anthropology, History, and Education*, ed. R. B. Louden and G Zöller (Cambridge: Cambridge University Press, 2007), p. 111. カント「世界市民的見地による普遍史の理念」福田喜一郎訳、『カント全集 一四 歴史哲学論集』福田喜一郎他訳、岩波書店、二〇〇〇年、八頁。

(11) Immanuel Kant, "Moral Philosophy: Collins's Lecture Notes," trans. P. Heath, in *The Cambridge Edition of the Works of Immanuel Kant: Lectures on Ethics*, ed. P. Heath and J. B. Schneewind (Cambridge: Cambridge University Press, 1997), pp. 44-54. カント「コリンズ道徳哲学」御子柴善之訳、『カント全集 二〇 講義録Ⅱ』御子柴善之・中島徹・湯浅正彦訳、岩波書店、二〇〇二年、一五～二一頁。

(12) これについては次を見よ。Istvan Hont, "The Early Enlightenment Debate on Commerce and Luxury," in *The Cambridge History of Eighteenth-Century Political Thought*, ed. M. Goldie and E. Wokler (Cambridge: Cambridge University Press, 2005), pp. 377-418.

(13) Bernard Mandeville, *An Enquiry into the Origin of Honour; and the Usefulness of Christianity in War* (London: Brotherton, 1732).

(14) Hont, "Early Enlightenment Debate," pp. 377-418.

(15) Adam Smith, "A Letter to the Authors of the Edinburgh Review," in *The Glasgow Edition of the Works and Correspondence of Adam Smith: Essays on Philosophical Subjects*, ed. W. P. D. Wightman (Oxford: Oxford University Press, 1980), p. 250. スミス「『エディンバラ評論』同人たちへの手紙」水田洋訳、『アダム・スミス哲学論文集』水田洋・須藤壬章・只腰親和・藤江効子・山崎怜訳、名古屋大学出版会、一九九三年、三二八頁。

(16) David Hume, *An Enquiry concerning the Principles of Morals*, in *The Clarendon Edition of the Works of David Hume*, ed. T. L. Beauchamp (Oxford and New York, Oxford University Press, 1998), A2. 1-4; SBN 295-7. ヒューム『道徳原理の研究』渡部峻明訳、哲書房、一九九三年（「付録二 自愛について」）、一六八～七〇頁。

(17) Smith, "Letter," p. 251. 『アダム・スミス哲学論文集』三二八頁。

（18）Barthélemy Faujas de Saint-Fond, *A Journey Through England and Scotland to the Hebrides in 1784*, ed. A. Geikie, vol. 2 (Glasgow: Hopkins, 1907), p. 246.

（19）Smith, *TMS*, VII.iv.37. スミス『道徳感情論』水田洋訳、岩波文庫、下巻、二〇〇三年、四〇〇頁。

（20）Jean-Jacques Rousseau, *The Confessions and Correspondence, Including the Letters to Malesherber*, ed. C. Kelly, R. D. Masters and P. Stillman, trans. C. Kelly (Hanover, NH: University Press of New England, 1995), book 9, 2.1, p. 340. ルソー『告白』桑原武夫訳、岩波文庫、中巻、一九六五年、一九八頁。

（21）Jean-Jacques Rousseau, *Émile or on Education (Includes Émile and Sophie; or, The Solitaries)*, trans. and ed. C. Kelly and A. Bloom (Hanover, NH: University Press of New England, 2010), p. 649. ルソー『エミール』今野一雄訳、岩波文庫、下巻、一九六四年、二二七頁。

（22）Emmanuel-Joseph Sieyès, "What Is the Third Estate?," in *Political Writings, Including the Debate between Sieyès and Tom Paine in 1791*, ed. Michael Sonenscher (Indianapolis: Hackett, 2003). シェイエス『第三身分とは何か』稲本洋之助・伊藤洋一・川出良枝・松本英実訳、岩波文庫、二〇一一年。

訳注

＊1　英語「society」は特定目的の「協会」も、ある地域の住民集団「町」「国」なども指す。スミスの「商業社会」には前者が拡大して後者全体を巻き込んだという含意があり、ホントはこの点を示そうとしている。このあとテンニエスのゲマインシャフトとゲゼルシャフトの区別を援用してこの点がさらに詳論される。

＊2　Hobbes, *Elements of Law, Natural and Politic*, ed. Ferdinand Tönnies, London: Routledge, 1969. ホッブズ『法の原理——人間の本性と政治体《コモンウェルス》』田中浩・重森臣広・新井明訳、岩波文庫、二〇一六年。

＊3　「社会の科学 science of society」は集合概念としての「社会科学 social science」とは異なり、法学・政治学・経済学など個別的な「社会諸科学 social sciences」を可能かつ必要とした「社会」の生成や構造の一般理論である。やや見慣れない表現になっ

ているのは、これを「社会学 sociology」と呼ぶと意を尽くせないからであろう。

＊4　本章注（10）の「普遍史の理念」に出てくる表現。人間には支配者が必要だとしても、人間以外が支配者になるわけがないので、彼は人間であると同時に正義でなければならないが、この条件は満たされそうにないという意味。「人間をつくっているこれほど曲がった木材から、申し分なくまっすぐなものを築くことはできない」。『カント全集 一四』 一二頁。

＊5　キケロー「善と悪の究極について」、『キケロー選集 一〇 哲学Ⅲ——善と悪の究極について』 永田康昭・兼利琢也・岩崎務訳、岩波書店、二〇〇〇年。

第二章　商業的社交性——アダム・スミス問題

2

COMMERCIAL SOCIABILITY
THE ADAM SMITH PROBLEM

【25】第一章で私は、ルソーとスミスの道徳理論には共通基盤があり、このためルソーの道徳・政治哲学にアダム・スミス問題と呼ばれるようになったものと類似のものを見ても正しいと論じた。人間本性には道徳にも政治にも基礎となりうる一次的な、あるいは埋め込まれた社交性の原理は含まれていないという考えを事実だと、両者が認めていたと論じた。この結果、ルソーでもスミスでも二次的な種類の社交性を生み出すことができるような人間本性の別の面が社会の支柱になるしかないわけで、だから私は、この種の歴史的に形成され、この意味で一次的というよりは二次的な社会形成を述べるのに商業社会という観念が創案されたと示唆したのであった。

私は本章の後半で、ルソーの政治学もスミスの政治学も商業社会から生まれ育ったに違いないとの仮定に立って、そうした基礎の上に打ち立てうる種類の政治学を描いてみたい。第一章で付言したとおり、スミスがルソーの著作で最も有名で最も影響力が大きかった『人間不平等起源論』を書評したとき、彼は道徳の基礎に関するルソーの洞察に温かい論調で賛同したのに、そこから政治理論のようなものを演繹しようとルソーが試みた手法は鋭く批判した。この批判は価値判断の表明ではなかった。むしろスミスは、ルソーが【26】人間のごくわずかな社交性が与える基盤から直接に彼の政治史を展開しなかったことに反論したのである。この批判は二人が商業社会において各自の政治観を定式化する仕方の重大な差異の最初の印であった。私はこの政治的な差異という問題を解明したい。しかし本章では、まだルソーとスミスの道徳観にある緊密な同族的類似に光を当てたいと思う。別言すると、アダム・スミス問題とジャン-ジャック・ルソー問題のあいだに価値ある並行関係を引き出せるという見解を私はなお追究しているのである。

スミスをもって本章をはじめ、本章の大部分で彼を取り上げる理由は、比較研究を進められるようにするには、スミスの道徳思想がルソーの考えと似ている点と違っている点が見えやすくなるように、スミスの思想を定式化する必要があるためである。私の目には『道徳感情論』にルソーの刻印を見出すことを支持する明白な理由がある。

スミスの書評には『人間不平等起源論』から訳出された長いパラグラフが三つあり、スミスはルソーの名を挙げずに、彼の『道徳感情論』の本文中で、特に発達した商業経済の形成における効用の役割を論ずる章で、同書を引用または詳しく再構成した。(1) 私は政治学と経済学の関係を扱う本書の部分においてルソーとの論争のこういう直接的な事例の内容に立ち戻ろうと思う。ここでは『道徳感情論』のなかでルソーの直接の刻印を示すはるかに明白なくだりを示したい。それはまさしく冒頭部である。スミスは書評ではルソーがマンデヴィルを超えて成し遂げた最大の前進を際立たせている。スミスは次のようにマンデヴィルをルソーの先駆者と見ている。

しかしながらルソー氏はマンデヴィル博士を批判している。すなわち、彼が見るところ、**憐み**は、イギリス人の著者が人間本来のものと認める唯一の愛すべき原理であるが、マンデヴィル博士が本当ではないと否定するあらゆる徳を生み出せる。ルソー氏は同時にこの原理自体は何ら徳ではなく、野蛮人や最も粗野な浮薄の徒も、最も洗練され文化的な作法をもつ人たちよりも高い完成度でももつものだと考えているらしい。(2)

【27】『道徳感情論』冒頭部はまさしくこの考えを声高かつ明確に繰り返したものである。スミスはまさしく同書の第一文で、憐みが人間本性に埋め込まれた全面的に自然的な他人配慮の〔心的〕機構だという考えを読者に提示している。

人間はいかに利己的とみなされようとも、人間本性のなかに明らかに他人の運勢に関心を寄せ、他人の幸福を見て喜ばしいと思う以外には何も感じないのに、他人の幸福が自分にとって必要だと思わせるいくつかの原理がある。憐みまたは同情がこの種のもので、他人が惨めなのを見ても、たいへんありありと思い浮かべても、他人の悲惨さについて感じ

る情動である。(3)

彼はそこですでに書評論文で力説した考え、すなわち、憐みは文明の成果でもなければ文明の帰結でもなく、全人類のなかにあって感情の洗練された人たちだけにあるのではないという考えを繰り返している。

私たちがよく他人の悲しみによって悲しくなることはあまりに明白な事実の問題なので、証明のために例を挙げる必要はない。この感情は人間本性の他のあらゆる本源的な情念と同様に、有徳で人間的な人たち――彼らはおそらくこの感情をこのうえなく敏感に感じるだろうが――に限られたものでは決してないからである。大の悪漢、社会の法の最も冷酷な侵犯者でも、この感情が皆無なわけではない。(4)

次にスミスは、憐みというものは実際に悲しみや苦痛を観察した場合に限らない傍観者の現象だと説明し、その論理は一般化できると唱える。スミスによると、同情はひどい惨事を実見したときにのみ生じるものではなく、あらゆる種類の状態における人間の情動的反応全体を含みうる。

苦痛や悲しみを生むのは、同胞感情を呼び覚ますこうした環境だけでもない。主要関係者において何かの対象から生じる情念が何であれ【28】、注意深い観察者ならみな胸中に彼の状態を思い浮かべると、同胞感情に類した情動が巻き起こる。(5)

最後にスミスは、自分が描く一般的現象に特有の名は憐みや同情よりもむしろ共感であるはずで、この用法が一般の言語使用者の大半にとってやや反直観的だとしてもそうだと示唆している。

憐みと同情は他人の悲しみに関する同胞感情を指すのにあてられる語である。共感の意味はおそらく本来は同じだったが、今ではいかなる情念に関するものであれ我々の同胞感情を指すように使ってもあまり不適切にならないであろう。(6)

私はルソーの考えとの類似性が明白になるようにスミスを定型化する必要があると論じている。『道徳感情論』導入部は、ルソーの『人間不平等起源論』の書評でスミスがルソーの考えのうち最も魅力的なものとして取り上げた考えを声高に宣伝しているのである。スミスの書評を知る者は誰しも、少なくともスコットランドや彼の交友の範囲では、この事実を容易に認めることができた。

『道徳感情論』の中心部分の議論を再構成する前に、私の解釈の歴史的基盤をさらに強化したく思う。大陸、特にスイスには、ルソーが人間の社交性を否定したことに一種のエピクロス主義を認める人が多く、彼らはまた社会的な徳に対するルソーの冷淡さにも気づいていた。スミスにコメントした一九世紀ドイツ人は、彼の道徳哲学と経済学 economics の間に実在的と空想的を問わず矛盾があることに注意を促したが、彼らは同様の考え、すなわち経済学 political economy は内在的にエピクロス主義的な——つまり基本的に不道徳な——言説だという考えを受け継いでいた。スミスの同時代のスコットランド人も大多数がこの見方をとったことを示したい。彼らにとって矛盾した「アダム・スミス問題」などなかった。彼らの理解では『道徳感情論』はむしろ『国富論』と同じ「利己的な」生地からつくられた服であった。『道徳感情論』に対する当時の反応のいくつかをたんに眺め渡しただけでも【29】スミスの同時代人たちが彼を真面目な道徳理論家と見るのを拒んだことがわかる。アダム・ファーガスンが書いたことを掲げよう。

あなたはすべての違いが共感か共感不足――誰かが行為して他人がその行為を見て行為者と同じことを感じるなかで、同意したりしなかったりする二人かそれ以上の人たちの同意と否認――だと告げることによって、正邪の区別を説明しきろうと努めていることになります。[7]

ファーガスンは、こうした反応が生じず観察されないときは正邪の区別は存在しないとスミスが本当に考えているのかと問うた。「どんな共感でもとにかくあれば、それでよき行為があるとか悪しき行為がないことが確実になるのか」と彼はなおも問いかけた。[8]

グラスゴウ大学道徳哲学講座におけるスミスの後任トマス・リードはもっと辛口で、先任者をこう指弾した。

この共感の体系によると、人間の性情における正邪の究極の尺度と基準が、真実あるいは事情によく通じた良心の命令に根ざす固定的判断ではなく、人間の移ろいやすい意見や情念であるのは明白である。だから私たちはこの体系にキケロがエピクロス派について述べたことをあてはめてよい。「だからあなたの学派は、疑いもなく現実的で純粋な事柄ではなく、正義の模造物を説いていることは疑いないわけです」。[9]

彼は続けた。スミスに従うと「社会的な徳は虚栄か利己心へと解体されるようだ」。[10] リードによると、スミスの見方からは「私たちの道徳感情はみな共感へと解体される」のだが、「この共感さえ自己愛へと解体されるらしく、それは想像力の作用によって何らかの方向変化をこうむる」。[11] こうして【30】彼は批判を要約して「スミス博士の共感の体系」は「誤りである。それは実際には利己的な体系を洗練させただけのものである」[12]と結論したのである。

デュガルド・ステュアートはスミスの死後、エディンバラ王立協会から彼の追悼講演の講師に選ばれたが、『道徳感情論』には端的に戸惑いを示した。彼は自分として、または本の内容上最良の仕方で同書を要約したが、その議論には根本から反対した。公式の追悼の只中で述べざるをえなかったとすれば、彼がいかに強くそう感じていたに違いないかは想像に難くない。(13) ステュアートは大学の講義でリードのスミス批判を繰り返した。すなわち、彼は学生に対して、スミスの理論は「人間は徳の外観を装っている理由を説明するものかもしれない」と語った。そして「洗練された社会でのよき素養の規則の真の基盤(14)」だから、それは重要な問題ではないわけではないとつけ加えたのである。はっきりと見下したこの表現を、彼はアバディーン大学道徳哲学教授ジェイムズ・ビーティから借用した。その意味は明白である。スミスは礼節の理論を書いたが道徳の理論は書かず、それはおそらく道徳社会学ではあっても真の道徳哲学ではないという含みである。ステュアートはさらにスミスを難じて、彼による「共感」の語の用法は一貫性がなく曖昧で、しかも

> 私たちの道徳的構造にあるきわめて下位の原理（あるいはむしろ義務感に付随する道徳的構造に、過剰に累加されたような原理）を、正邪を見分ける能力と混同したものである。(15)

彼は弾劾を込めて論じている。

> スミス氏の理論には、自然が私たちに道徳判断を正せるようにしてくれる手段や便法を、道徳判断が現れる発端である私たちの身体構造のなかの原理と混同した、との反論が可能であろう。この手段や便法を彼がまたとないほど立ち入って聡明に描いたのは事実で、そのことで実践道徳に新しい最も【31】重要な光を投じた。しかしこの主題についての彼

の推論をみな踏まえても、私たちの道徳的観念と情動の主要源泉に関する形而上学的問題は、以前と同じように曖昧なままであることに気づくであろう。(16)

ステュアートは、人間が生来社交的でも道徳的でもないのでこうした道徳行動の特徴は初期の、あるいは孤独な人間には見られなかったというスミスの言明を拾い上げた。その意味は、スミスの見方では、社会なきところに道徳は発達するはずがないということであった。これは本当かもしれないとステュアートは認めたが、こうした状況下で眠りこけ続ける道徳的能力が人間に本来埋め込まれていないとするだけでは不十分だとした。

近年では『道徳感情論』が当時きわめて重要で著名な著作だったとするのが流行している。これは真実だが、スミスの同時代人が同書を承認、受容、さらには理解しさえしたことを示すものと考えてはならない。『道徳感情論』は難解なので道徳哲学のその後の発展を行き詰らせたとしばしば弾劾されたし、今もそう言える。

より重要なのは、同書がエピクロス派の著作とみなされた点である。もちろん、この見方は支配的だったとしても、全面的に正しくはなく、まして本質的に正しいとも言えない。デュガルド・ステュアート自身が講義のなかで、スミスは長年キケロの『善悪の究極』を巧みに講義しており、その講義は『道徳感情論』の後の版への加筆の柱となり、それを含めたものが今ではスミスの道徳哲学史として知られていると述べている。ただ『善悪の究極』を講義したからといって、単純にその人がエピクロス派であるとは言えず、むろんストア派とも言えない。同書全体の主旨は二派の弁証法的競演であり、両者の不足点を挙げるものである。スミスはおそらく他派よりはエピクロス派に傾いていたかもしれないが、たんなるエピクロス派とみなすことはできない。スミス批判者がエピクロス派の語で意図したのは、おそらくカントがやはり『善悪の究極』を手がかりに一八世紀の道徳教説を分類して説明したことと同じである。この観点から見ると、批判者を苛立たせたのは、スミスにとってはストア派と同様に徳は人間の目的ではなく手段で、エピクロス派にとってと同様に幸福でよき生活の道具だという点であった。

当時スミスに手痛い批判が寄せられたことに驚く必要はない。スコットランド人のこうした批判者の議論には確かに【32】敵意がこもっていたが、それは無根拠でもない。スミス自身がまさしくそのことを認め、あるいはかえって誇らしげに述べているのである。彼は近代の道徳哲学の論争はホッブズに始まり、彼とプラトン派（ケンブリッジ・プラトニストのラルフ・カドワースが初めてホッブズに応答した人物である）の論争に発展したと述べている。スミスは自分をプラトン主義者に位置づけたのではないかと考える理由はないし、その点でストア派に位置づけたとも思えない。むしろ彼は自らをホッブズ派の流れ――利己的体系（ホッブズ、ラ・ロシュフコー、プーフェンドルフ、マンデヴィル、ヒュームがこの伝統では名高い）――をそれ本来の結論にまで至らせ、この教説の初期の代表者が取り入れていた粗野で誤った要素をそぎ落とした人物として描き出した。スミスは自分なりに捉えた共感が、修正された利己的体系の真に中心的な道徳的カテゴリーであるという事実を隠し立てしていない。彼はこう記している。

しかし人間本性の全体の説明は、すべての感情や愛着を自己愛から引き出し、現世において多大な雑音を出してきたが、しかし私の知る限りでは徹底的かつ明白になされたことはなく、共感の仕組みの混乱した誤解から浮上してきたものに思える。(17)

この共感に関する出発点での誤解こそ、『道徳感情論』が修正しようと試みたものであった。だから同書は、自らの定義によって、改良版ホッブズ主義やエピクロス主義のなかにある論考なのであった。徳論の立場としては、この道は袋小路 cul-de-sac にたどり着いた。徳論から見ると、利己的体系は十分に改良されても道徳の検査を通る可能性はない。逆の立場の人たちはスミスの本に大いに興味をそそられた。スミスが関心をひいた理由は、彼がルソーとともに道徳の言説を、その基本的洞察を捨てずに利己的体系から救い出すことに取り組んだおそらく最も魅力的な思想家だという点にある。この野心的目的を達成するための彼の知的戦略は何だったのか。スミスの体系は魅力的だが、相対的に複雑でもあった。デュガルド・ステュアートが追悼講演ですでに手厳しく難じたとおり、『道徳感情論』は要約に手こずる本であった。

スミスは自分の道徳哲学史を知っていた。彼は次の主張に関して完全に正しかった。すなわち、共感が【33】、少なくとも彼が書く以前の一〇〇年間にあっては、社交性と人間本性についての議論での本質的要素であったという主張である。それはホッブズにあるし、また事実プーフェンドルフは自身の社交性概念にそれを導入したときホッブズに言及している。プーフェンドルフは言明した。もし「人間の真の条件を見極めようとして自己愛に筆頭の地位と影響力を認める」としても、それは利己性を基盤とした道徳の是認に由来するわけではなく、誰しも本性上「他人に向ける愛よりも自分に向ける愛の方をすばやく感じ取る」[18]という単純な事実を認めてのことであった。自己への配慮と他者への配慮の動機は、厳格な対立関係にはなく、結合することもありうる。プーフェンドルフはこの洞察をストア派的な議論と呼ぶが、それをホッブズの『市民論』から引用した。「人が他人にしようとしていることが自然法に合致するかどうか疑問な人には、自分がその他人の部屋にいると考えさせればよい」[19]。この役割交替の技法、他人の状況と感じ方に自分が意図する行為を投影する技法は、反復されて回数が増えると、社交性になる。共感の体系は自分の苦境を鏡像的相互性の網の目のなかで思い描く過程に基礎づけられたのである。スミスが『道徳感情論』で着手したのは、その一般化、柔軟化、脚色、そして将来予見しうる腐敗傾向すべての除去であった。共感は「共処 complacency」に根ざす。この語の現代的な意味〔自足〕ではなく、他人とともに感じる同情を通して他人と同じ場所を占める *cumplacere* という古い意味においてである。こうした観念は尋常でない強さにおいてスミスが育ったアカデミックで哲学的な文化のなかで論じられていた。だからこそスミスはルソーの『人間不平等起源論』とマンデヴィルの『蜂の寓話』第二巻の緊密な類似性をかくも確信に満ちた論調で認識できたのである。彼はすでにこうした議論すべてを師ハチスンの著作をめぐる論争で経験済みであった。ルソーが憐みについて何を述べたかに彼が正確に気づけたのは、自分の足ですでに同じ道を歩んでいたからであった。共感と共処の本性、利己的体系のなかでのそれらの正確な位置とは、ハチスンとマンデヴィルの、それに続くハチスンとジョン・クラークやアーチボルド・キャンベルら当時何人かいたその批判者の間での長くて白熱した論争の主題であった。クラークとキャンベルによって【34】ハチスンは自己愛と共感をめぐる立場を情念と徳に関する道徳の著作の版ごとに修正せざるをえなくなった。[20] ハチスンの論敵はまるでスミスが話しているかのように聞こえることが多かった。いずれにせよ、彼らは明らかにスミスが『道徳感情論』で取り組むに至るのと同じ論点を論じていた。同じことはデイヴィッド・ヒュームにも言え、彼は彼なりの正しさをもつ、洗練された共感理論家であった。スミスに対するルソーの影響が語られるときも、スミスが〔理論〕展開のなかで根本的で大きな〔ルソーからの〕決別をしたことについては語られない。ルソーはおそらく道は憐みモデルを通って先に伸びているのだと確信することをより容易にする手がかりをスミスに与えたが、しかしそうでなくても彼の体系はおそらく一七五五年にはすでにできていた。彼らの時代の最も中心的な道徳理論の論争に二人が参入したがゆえに、スミスとルソーの精神は出会うことができたのである。

スミスは『道徳感情論』で自分の狙いはヒュームを修正することだと明言している。彼がはっきりと言及したのはヒュームの正義論であった。ヒュームは、趣味の力が方向付けをし、精神の秩序要求によって導かれると、効用も道徳的行動を生み出しうると考えた。効用は美的に喜ばせ、利己的感情からその直接に効用的で利己的な色合いを取り除く。スミスはヒュームの考えの主旨を認めたが、ある社会の制度が正義の安定化に向けて調整されているとき社会を美しいと見るといった、複雑な効用論的手段の美を発見する活動が示唆する、知性の複雑な機構には反対した。これでは作用様式が複雑なために貴族的で高尚な活動になるから正義のひな型にはなりえない、とスミスは主張した。(21)

スミスは議論を差し戻して、正義の起源を憤慨のような基本的情念に置いた（だからこそ彼はときに刑法的正義への着目を選んで伝統的な社会的正義への着目を退けたと解釈されるのであるが、これは現代的な一部の解釈から見ると説明しがたい大過失となる）。この関心によって彼はヒュームの最も有名な（かつ多くの同時代人にとって彼の最もエピクロス派的な）理論【35】、すなわち正義が人為的な徳だという考え方にたどり着く。(22) ヒュームの主張では、人間に埋め込まれた正義の感覚などない。正義は通常理解されているようには守られず、それを先導役に選んでみてもほぼ無意味であるような多くの制約的事例を簡単に思いつくことができるからである。正義は自然的だが、また歴史的に発達した現象でもある。だからヒュームは読者に、正義が誕生し、試行錯誤による発現によって前進する歩みのなかで経験を踏まえて発展し、ついには正義へと至るこの旅路の効用が誰の目にも明らかになった、とする美しい推測的または理論的歴史を示すのである。正義は契約によって成立したものではなく、初めはそりが合わなかった社会的協力が試行錯誤をへて実現することで創出された。こうした発現は狭い道具性に導かれ、それはボートの漕ぎ手が効率を上げるために同じペースでオールを同じ方向に一斉に動かすようなもので、訓練して漕ぐ斉一的な努力があると生まれうる明白な効用を暗黙裡に理解するという以上の明示的な同意の土台はないが、それもまたボートとオール双方についての、目的を見据えた企図が歴史的に進化することによって促進された。どうやらスミスはこの考え方に心を打たれ、共感の発展を説明するのにそれを使おうと決意したようである。

『道徳感情論』はヒューム的鋳型のなかでの共感の自然史または理論史として読んだとき最も理解できる。スミスは正義の起源についてのヒュームの理論が与えた説明の仕組みを、社会一般における道徳的規則の生成に適用しようとした。彼は憐みを一般化しただけでなく歴史化もした。この挙動はルソーの『人間不平等起源論』と多くの点で類似していた。スミスによる共感の自然史はルソーの自己愛史、自尊心の推測的歴史に並行していた。『道徳感情論』は社交的な自己が生成した背景をなす仕組みを描写することによってスミスが試みた、商業社会の諸起源についての推測的歴史なのであった。

スミスもルソーも歴史を構成しなければならなかった。それは自然的社交性がないといかなる社交性も人為的になるしかないからだが、これはすなわち社交性が発達的（または自然法学の昔の用語なら「外発的 adventitous」）だということになる。スミスにとって人間は【36】もともとは物理的存在でしかなく、不活発またはことのほか未発達な心理的能力しかないのであった。孤立した人間が孤立にとどまる限り精神（プシュケー psyche）が発達する余地はない。またこういう被造物なら自分自身の人間性に気づくこともあたわない。泥水の鏡のなかに自らを見出せたところで、自分の姿はわからない。美しいか醜いか、穏やかか取り乱しているか。他人と似ているか違うか。これらは仲間としての交流のなかで他人と出会って比較しない限りわからないだろう。他の誰もと同じく、スミスは人間が肉体と精神、あるいは魂からなり、両方の次元に必要と能力が伴うということを自明と見ていた。心理的能力はたいてい怒りなどの感情や情念の基本的構成素材であった。スミスはまた、ホッブズに倣い、アリストテレス修辞学の能力心理学に立ち返ることから、人間が原初的な判断力をもっており、それはハチスンらが唱えたような善悪の判断ではなく相互的判断、より特定すれば、お互いの欠陥を判断する、あるいはその他の規範からの隔たりを判断する能力だ、と考えた。その前提は優越への欲望、またはスミスが特に強調するところでは、劣っていると判断されたくないという欲求である。

人間にとって他人の意見や批判は重要である。これは人間本性の基礎構造をなす。けなされると心理的苦痛が生じ、どの動物も苦痛を避けたがるのとちょうど同じように、人間も互いに素朴に批判的判断を下すのは免れたい。ハチスンが笑いをめぐるホッブズの理論を辛辣に批判したのを知ったスミスが、それを自分の理論にうまく転用したのは明白である。[23] 人間は他人と出会うことで自分の身体と精神の欠点を知り、非難を受けたくないと意識し始める。人間のこの判断原理は明らかに審美的で、それは趣味の始まりである。人は見返りに他人を喜ばせたいとの思いをつのらせる。これはいつもお互いを比べたいという人間に対するどこにでもある慎慮のある反応である。比較する人間の自己、あるいは要するに人間の自己の生成、およびその心理的必要が、そこで、当初の物理的自己または孤立した自己の物的必要を圧倒した。ホッブズもルソーも同じことを力説した。次にスミスは、人間が内的な心理的均衡と外的な認知を求めること【37】がいかに不平等の苗床になったかを描いた。尊敬が卓越を伝えた。こうした心理的必要や病状こそ社会の階層分化、あるいは階級 ranks の起源を説明した。

人間の判断をする本性はスミスの自己理論の支柱で、広範な心理的帰結をもたらす。同胞に〔優劣の〕判断を下されたくなければ、個人は他人に合わせねばならない。このため社会化が進み、恥が生まれ、偽善も始まった。これは心理的防衛の前線で、利己的体系の反論者はこれを偽りの徳の起源と見た。しかし個人の競争の激しさはこうした展開によって緩和されなかった。それは競争の激しさを新たな行動様式に導いたにすぎない。強い競争的比較判断のゲームを丸ごと脇に置いて自尊心への依存を減らしていれば、真に癒されたと思われる。心理的に脆い個人（実は全員がそうだが）にとって最も重要な防衛の盾は自己評価または自己尊重、すなわち自己の他人志向を逆転することであった。これのみが偽りの徳ではなく純然たる徳につながる道であった。スミスが指摘するとおり、モラリストは人間性、慈愛、人類愛、隣人愛などによって、競争が生む心理的無秩序に対する心理的防衛経路をいくつも創案する傾向にあった。これらの実効力はどれも弱い。他人の意見に直面することの不安は自己愛、自分自身の徳への愛によって制御しなければならない、とスミスは論じた。

これは他人ではなく公平な観察者の判断を信じ、その男性か女性の判断を自己防衛の武器として用いるという議論につながる道であった。それには社会全体によるつり合いがとれた正常な賞賛を個人の心理的な鎧《よろい》という内的な領域に導入するような、判断の源泉を身につける必要がある。公平な観察者とは自分自身の自己を内から規制する装置、言い換えると自制 self-command を促す考案なのであった。よく自制はストア派的な徳だと言われるが、スミスにとってはそうではなかった。彼の徳は魂の統括という厳しい理論に基礎を置く英雄的な徳ではない。それどころか、エピクロス派的な自制の理論である。その本質は、素朴な利己性の削減と、自分の利己性を他の利己的行為者が受け入れられる水準にまで縮小して行なう自己強化である。スミスはこう書いた。

多くの事例で隣人愛や人類愛が……徳の……実践へと私たちを促すというわけではない。【38】もっと強い愛、もっと力ある愛着こそ、こうした事例で一般に生じるものである。名誉があり高貴なもの、壮大、威厳、自分自身の人格的優越への愛がそれである。(24)

この緩和または洗練された自己愛のモデルでは、自己の優越の確信――または、どんな程度であれ、他人に対面したときの堅固な立脚点の自信――が際立っている。それには標準的な心理的自己充足の実現が必要で、それは社会規範の内容を知っていることにかかっている。この必要をスミスは以下のように言い換えている。

私たちは自分自身の行動の観察者という位置に自分を置き、その観点から見ると私たちにどんな結果が生じるであろうかを想像しようと努める。これが何らかの手段で他者の目によって自分の行為の適切さを検証できる唯一の鏡である。(25)

これによってスミスは自制の概念を肯定的な黄金律である競争的調整の観点から再構成できるようになった。結局、彼は規則を逆転し、それを利己的体系の要求に適合させたのである。

他人のために多く、自分のために少なく感じること、自分の利己的感情を規制し、自分の慈愛ある感情に身を任せることが、人間本性の完成をなす。またこれのみが感情と情念の調和を人類にもたらすことができ、それらの優美さと適切さすべての本質はこの調和にある。自分を愛するように隣人を愛することがキリスト教の偉大な法であるように、私たちが隣人を愛するようにのみ、同じことだが隣人が私たちを愛せるようにのみ、自分自身を愛することが、自然の偉大なる戒律である。(26)

スミスの戦略の基盤に注意していただきたい。彼にとって問題なのは、つねにつり合いまたは適切さで、それは自己配慮と他者配慮の感情の間に打ち立てうるものである。それは語の専門的な意味で全面的に感情主義的な理論である。ただ当時ほかに多くいた感情主義者とは違って【39】スミスは愛が社会のなかでいかに増進されるかに関心を集中したわけではない。彼はむしろ素朴な自己愛の縮小を望んだ。自己愛、自尊心は縮小、阻止、自己制御されるべきだが（スミスは制御不能化に全面的に反対している）、抹消は必要ない。実際には、すべてが自己愛に淵源する。しかし自己愛は社会自体と同じくらい複雑である。商業社会を定義すると、愛や意図的な目的のある協力に基づく社会に比べて、社会として一体性が少なく、絆が弱く、問題も避けられないものであることを忘れるべきではない。スミスが取り組んだのは商業社会を道徳心理学によって定義することである。

自分が他人に与えた愛と他人が自分に与えた愛がいまひとつ明らかでない状況では、どの個人の目的も他人の批判から独立を保つことである。個人は自分の範囲内で生きねばならないが、同時に社会にも生きねばならない。他人の是認を求めても得られないことに自分をゆだねるよりも、社会規範を自分自身の胸中に生存手段として取り入れるべきである。この考え方は魅力的だが、それはこの手の自己判断が頼りがいのあるものにできる場合に限られる。スミスは自己欺瞞や自己正当化、すなわち状況の実態や他人の意見に無関係に防御の盾をつくって利己性を増長させることが恐るべき危険になるとしばしば指摘した。

ここでも彼は上の議論と同じ戦略を用いているわけである。彼の対策とは、なお高水準の自制、すなわち自己欺瞞の力に打ち勝てる自制の可能性に挑むというものであった。自己が外から判断されるときの自己の防御形成は、社会規範に根ざす自己判断の規則を受け入れることで安定させる必要がある。この方法を採用した規則は、自己欺瞞の検出を助けうる装置で、何としてでも防衛を選ぶ先祖帰り的な衝動を緩和する工夫である。この点においてこそ『道徳感情論』とヒュームの人為的正義論の並行関係が顕著になる。個人は規範に根ざす規則の助けによってのみ自己欺瞞を避けることができる。こうした道徳の一般的規則は社会のなかで自他の間で判断を下しあう個人の長くて継続的な歴史的経験によって、またそれに基づいてのみ形成されえた。この規則が私たちの精神に取り込まれ、胸中に公平な観察者を創出するのである。だから、この自己内の公平な観察者は人間社会を特徴づける万人の万人に対する心理的闘争からの救世主なのである。

【40】社会規範を意味する規則を知ると自己欺瞞は正せる。しかし規則を知るだけでは足りない。こうした規則を自己制御の手段にするには、心的認識の強化が必要である。スミスは議論の動力をすべてこの方向に用いることにしたわけで、私はいまそれに傾聴する以上のことをなしえない。スミスにとって宗教とは道徳的規範を支えるために創出された社会制度であった。のちの発展順序では道徳理論または道徳科学がその役目を務め、おかげで人間の自己防衛がうまく働いて制御が可能になった。全体としてスミスは情念による情念の制御は支持していない。また情念の抑圧にも与しない。彼は理論家として共感を通した人間の想像力の作用に信頼を置き、憐みの一般化に見出せるのと同様にその発展を基本的な心的基盤から跡づけた。感情はつねに働いて社会の心理的振動が満ち引きし縮約・拡散するように、個人を絶えず喜ばせたり悲しませたりする。スミスはこうして心理的苦痛の役割を強調しており、それは道徳的規則の侵犯に対する真の罰でもあれば、社会規範からの逸脱に対する制裁でもある。まず一

次的な処罰の苦があり、次に二次的にヒューム的領域――幸福や効用、または一般に社会で成功したり失敗したりすることがもつ規制効果という領域――からの強化がくる。スミスはシャーフツベリにならって、礼節ある社交性や不安削減力をもつ社交における会話の癒し効果を強調したが、それらが入れ代わり立ち代わり助けてくれるから人間は共存可能になるとする。

私たちはこうしたスミスの考えが生む帰結をさらに範囲を広げて論じる機会をもちたい。スミスは心理的必要を、ホッブズと細部は大幅に違うのに、程度ではおそらく同じくらい強く重視した。政治的には彼は心理的民主主義を重視したことで助かっている。名誉追求が個々人の間に不平等を生んだ。ところがこれは成功した選良の苦しみにすぎないものではない。誰しも名誉追求に従うとともにその影響下に暮らす。労働者階級もそうである。彼らが誇りの諸力――あるいは尊重追求――に反応し、間断なき改善欲をもつと、大衆政治の制度から特権を享受している人々に与える影響と比べて、この影響を上回らないとしてもそれと同程度の影響を大衆政治に及ぼす。

私はスミスの関心とルソーの関心の類似がかなり見やすくなるようにスミス像を描いてきた。今度はルソーに目を向け、スコットランド人とジュネーヴ人の類似が同じくらい顕著になるようにルソー像を描きたい。一つのやり方は【41】両者ともカルヴァン派社会の出身者だと指摘することであろう。当時の同派社会の神学的・哲学的論争は原罪説の論調を弱めて、堕罪をおかした人類の歴史に文字どおり光を当てる（この「啓蒙 Enlightenment〔投光〕」は神学用語なので）ことであった。ハチスンが利己的体系を攻撃した趣旨はこれであり、ルソーはスイスでそれにあたる背景から現れた人である。もう一つのやり方は、伝記的な類似点を挙げることとなろうか。ルソーとスミスの人生は重なり合うが、厳密に世代の観点から言うと、ルソーはヒュームと同年代であってスミスとはそうではない。スミスは一世代若く、これは両者の仕事を比べる視座のなかで相当多くのことを説明する。スミスはヒュームの懐疑論から出発してハチスン理論の方へ進んだが、このことこそスミスにルソーの『人間不平等起源論』の思想がヒュームの思想に並行した軌道を進んでいるものだと思わせる一因になった。ルソーとスミスの出会いにはスミスが修辞学や近代文学に関心を寄せていたことからもまた接近できる。スミスはルソーがこの上なき美文家にして修辞家だと認識していたが、この才覚を毒杯だとも見ていた。

ルソーの定式がかなり効果を発揮する例も少しはあったが、自身の著作の直接的な誤読を防ぐ明示的で熱心なルソーの努力にもかかわらず、それは誤読を招きやすかった（当時の人は誤読せず後代の人のみがそうしたと信じるのは常軌を逸した仮想である）。とりわけ目立つ一例は、人間は本来善で、商業社会（自尊心や比べあう自己愛の上に成りたつ社会）のみが悪や腐敗を生むと一見思えるルソーの言明である。この結果、ルソーにとっては、社会的に構築された自己愛は人類史のなかでは純粋に否定的な行為主体だと広く——しかし誤読して——信じられている。ところがルソーにとっては、スミスにとってと同じく、これは彼らの先輩の一部が堕落した人間本性という説を覆す努力のなかで首を突っ込んでしまった撞着的過ちなのであった。近年、ルソーにとって自尊心は良かれ悪しかれ社会の接着剤で、それは腐敗や過剰と同じく文化や道徳の起源にあったことを指摘して、この誤解を解こうとする試みが活発に行われてきた。ルソーとスミスの二人が商業社会の理論家だということを計算に入れると、このことは完全に明白である。商業社会とは、人間に一次的社交性がないとしても利己的個人が共存するためにもつ要求からすべて（定義によって善悪の両方）を生み出す形態の社会だからである。利己的体系を救い出そうというルソーの試みを復元しようとしたその後の人たちは、鏡面的反射と役割交替の仕組みを彼が【42】描くことに着手していたら、彼は自尊心が含む感情や判断がいかにして一定の有効な道徳的企てになりえたかを説明できたであろう、と指摘した。実際、本章の主張とはルソーがこの体系を開発し始めたというものである。そして、これがあるいはルソーの抱いた構想だとするのが正しいか否かにかかわらず、それが現実にスミスの構想であったことには疑いの余地がない。実際これは文字どおりその通りである。スミスはこの着想を『人間不平等起源論』から得て、ハチスンやシャーフツベリの遺産を破壊する上でそれが重要だということを見出し（二人は同じわけではなく、スミスのルソー評が載ったのと同じ『エディンバラ評論』の号には二人を比較した研究があり、ハチスンは慈愛の体系から、シャーフツベリは利己的体系から出発したとして対照的に描くことで、彼らの思想が間近にあって耳をそろえているか同じであるとの誤解を一掃している）、ヒュームがこの言説に与えた影響を見出し、一冊の本を丸ごとこの主題のために執筆し始めたのである。大雑把に言うと、これらルソーの自尊心の現代的解釈者によると、彼が書くべきだったし書けたはずの本は、加筆修正された *mutatis mutandis*『道徳感情論』なのである。ルソーは道筋を指さしたが、重要なことにそういう本は書かなかった。スミスは書いた。したがって、私たちの前には商業社会の政治学に関する二つの見解がある。しかし、この問題には後に戻ろう。

ルソーとスミスを比較するもう一つのおそらくもっと有望な道がまだあるとすれば、それは『道徳感情論』と『人間不平等起源論』の形式的な類似点を指摘することになるだろう。『道徳感情論』の核が共感の自然史であるとひとたび理解すれば、ルソーの自尊心の自然史との類似は顕著になろう。ヒューム版はまた『宗教の自然史』として具体化されたが、ヨーロッパ的パラダイムを確立しなかった。ところが、ルソーの『人間不平等起源論』はこれを明確に確立した。それは人類史の新ジャンルを創出した（ルソーと同じスイス人で、ジュネーヴ人ではないが別の商業共和国であるバーゼル出身のイサーク・イゼリンは『人類の歴史』でこのジャンルを創出したとされる。彼の著作はおそらくルソーに対する直接の応答で、いわば、スコットランドの議論ではハチスン側に相当するスイスの議論である）。カール・シュミットの示唆にしたがって、ラインハルト・コゼレックはこの種の歴史を現実の歴史の敵でおそらく啓蒙の最も有害な遺産だとして弾劾した。[27] この【43】判断は、ルソーとスミスの理論的歴史が、記録された歴史の現実的報告ではなく、歴史化した形で示された道徳・政治哲学であったという意味では正しい。しかし哲学者から見ると、この「歴史的」ジャンルは問題提起的でもあった。直接的規範性の対義語としてのまさにこの歴史性こそが、エピクロス派として描かれたのである。この語法のなかでは道徳は手段的で、それゆえ脆いものと考えられている。それは政治学に支えられないと生き残れないが、まさしくこのように道徳理論が政治学に依存したということを、後の章で私はたどっていきたい。この局面で私が直接関心をもつのは、ルソーとスミスが描いた社会的自己についての理論的歴史と直接に並行するか同じ軌道を、それを読んだ人たちがかくも長く事実上見抜けなかった理由を見出すことにある。私が示したいのは、『人間不平等起源論』が歴史的または疑似歴史的な語法で構築されつつもそれによって包み隠された形で、スミスが最も近くにとらえた的だと特定しておいた利己的体系の擁護と批判という中心そのものに向けて直接放たれたのはいかにしてかである。そのためにはモンテスキューを引合いに出すことになる。彼はハチスン、ヒューム、ルソー、スミスほか全ヨーロッパにわたる他の多くの人たちが貢献していた道徳理論をめぐるまさしくその論争で目立った役割を果たしたもう一人の人物だからである（ナポリのヴィーコがこれと同じジャンルにおいて傑出した、しかしより年配の、もう一人の書き手である）。

ここでモンテスキュー思想という豊かな地域を、駆け足、あるいはおそらく全速力さえ出して走る。そのために、私は議論を詳細に説明するのではなく主要点に印をつけるだけである。ルソーは二つの有名な論文でディジョンのアカデミーが出した問いに答えた。彼はそれに大局的に答えたが、つねに的を射てもいた。ルネサンスはヨーロッパの道徳を向上させたか否かという第一の問いは（当時ルネサンスは技芸と学問の復興と呼ばれていた）、推測的歴史の膨大な反応を巻き起こした。不平等に関する第二の問いは、事実上、近代王国における道徳の状態を直接尋ねたものであった。モンテスキューは体制分類で三極理論を唱えたとしばしば信じられている。これは誤っている。実際には二重の二元性理論であった。彼はまず体制を正しいものと専制的なもの、法の体制と個人の力の体制に分けた。第二の二元性において、彼は法の体制、**国家** *rei publicae* を、二種類すなわち、平等に基礎を置く体制（共和国か集団統治体制）と不平等に基礎を置く体制に二分した。[28] 社会的不平等に根ざす**国家** *res publica* を【44】モンテスキューは君主国と呼んだ。これは垂直に階層化された共和国である。このことは一八世紀後半に政治学について書こうと企てたほどの人にとっては完全に当たり前のことであった。不平等とは何かを問うことは（民主主義的または貴族政的な共和国と対比して）君主政とは何かを問うことであった。モンテスキューの偉大な刷新は、平等または不平等な国家が異なる統治形態をもつだけでなく、異なる道徳文化の上に立国されていると論じた点にあった。有名であるが、彼は平等な共和国は必然的に自己を抑圧する道徳文化に基礎をおかねばならぬと主張した。[29] この発言が意味を持つのは、人間本性を利己的とみなす場合だけである。平等にするには個人は自分の利己的傾向を矯正するような自制を行使する必要がある（これがルソーの『社会契約論』のテーマで、利己的な自己の制御がいかにそれ自体利己的であらざるをえないかを説明しているが、それは集団として利己的なのである）。君主国では不平等は体系的な特徴をなし、平等を目指す自制は必要ない（モンテスキューは、政治学的に言えば、それは有害でさえあると示唆して読者を呆れさせた）。商業社会における利己性はむしろ、多様な利己性を互いに戦わせることで抑制されなければならない。近代の君主国の道徳文化に関するモンテスキューの最良の定義は、重力も惑星を太陽に近づかせることはできないという惑星体系の隠喩であった。[30] 重力は利己性、すなわち効用に導かれた市場行動の利己性を指す。それは自尊心、誇り、認知を求める心理的要求で緩和されうる。誇りまたは壮大さの追求は、規則化、制度化されると、名誉の体系、またはモンテスキューが強調するように間違った名誉、間違った賞賛、道徳的価値を欠くただの卓越愛の体系になった。[31] この考えはフランスのジャンセニスムの伝統、すなわちアウグスティヌス派キリスト教徒の道徳理論を彼が熟知していたことに由来する。また当時ジョゼフ・アディスンが主宰するイギリスの『スペクテイター』誌上で情念の体系について世に問うた論文（主要論文はアディスンではなくウェールズ人牧師ヘンリ・グローヴが書いていたのだが）を読んだことも、おそらく彼にますますそうさせた。[32]

【45】モンテスキューの『法の精神』の君主政理論は、二〇年以上前に彼が『ペルシア人の手紙』で語り始めていた「ト

ログロデュテスの物語」の終幕であった。物語はトログロデュテスがまず純粋な愛の体制を構築するところから始まり、続いて純粋な利己心の体制を構築する。(33)*1 それは住民がひとたび自分の真の——すなわち利己的な——自己を抑圧するのに疲れたら、トログロデュテスの愛の体制が本源的自尊心によって奢侈の君主国に自発的に変貌すると論定した。モンテスキューが提示したように、近代君主政の理論は、安定した体制は愛と利己心、名誉と効用のつり合いに依存せねばならず、これを準備するには名誉の体系の涵養が必要だと述べていた。モンテスキューの近代君主政理論による社会をつくってもホッブズ的帰結を避けられず、社会が一度商業的なものとして成立するとホッブズ的考案をもってしても安定させられないと論証することで、近代君主政理論を論破することが『人間不平等起源論』におけるルソーの公然たる狙いであった。彼はヨーロッパにおいて終わりなき革命の破壊的な連続によってカエサル主義と民主主義の振子運動が生じ、周期的危機の定型をたどることになると予言した。モンテスキューは近代君主政を少なくともある種の制度条件のもとでは、緩和された利己性、自己抑制が効いた自尊心の道徳文化として定義した。『人間不平等起源論』の後半はこのテーゼを敬虔だが基礎が弱い望みであるとして反証する自尊心の歴史をもたらした。

商業社会は君主国に蔓延する文化である偽善の心理力学によって安定させられない、とルソーは論じた。モンテスキューは一八世紀政治学の傑作を描いたわけだが、それは役に立たなかった。スミスはその後これに代わる自尊心の理論的歴史を書き、これが適切な働きを許されたなら役に立つであろうとの望みを蘇らせた。『道徳感情論』は、この視座から見ると、モンテスキューとルソーの両者に対するスミス自身の応答の始まりであった。

本章のまさしく結びとなる問題は、『人間不平等起源論』の第一部の問題に取り組むことである。同書の第二部は社交性がまったく、ないしほとんどないが、効用主義的に協力を大いに要求する商業社会の純粋理論から始まる。これはあらゆる商業社会理論の標準的始まり方である。ルソーの場合も本質的に異ならない。ただ彼は全体にわたって魅力的な修正を施している。【46】標準的な語り方は商業社会を人間にとって苦界そのものとしたし、キリスト教徒の書き手なら堕罪後の人間にとっての苦界としていた。商業社会の必然性を人と動物の比較から示すことが工夫として好まれた。動物は本能に突き動かされ、強いけれども視野の狭い自己愛 *amour de soi-même* をもち、環境がゆるす限りではそれが生存を保証する。動物と対照的に人間は行為して生存するための肉体的備えをもたない。これを埋め合わせる因子は学習能力、自己変革力である。なぜなら人間は頭脳と精神をもち、おかげで人為的社交性を生み出せるからである。社会は動物に対する人間の偉大な優越点で、社交的である人類は動物有利の論調で進められた初めの比較が無意味になるくらいに動物を凌ぐことができている。ところがこの利己的な経済的活動に支払わされる対価が不平等なのである。

ルソーは、不平等が人間本性の変更不能の特質に根ざすという、この理論の第一前提のプラグを抜き去ろうと決意した。彼によると、むしろ不平等は歴史の所産、より正しくは社会的自己つまり自尊心の歴史の所産である。人間は最初は、動物に対して不利ではなく、同じくらい強かった。人間弱体テーゼまたは人間愚昧テーゼは誤りかイデオロギーである。人間は初めから動物より優れた潜在力をもっていたが、それは眠っていた。社会がなく社交性がなければ、人間は実際に動物である。人間は生き残ろうとするとき悪になるが、他意がないなら善でもある。彼らには道徳的動機はない。というのは道徳は社会的相互交流からしか生まれないからである。ルソーはモンテスキューのよき生徒としてこの考えに地理学的側面を与え、人間の起源をアフリカの熱帯の風土に求めた。人間以前の人間はそこでは生存が楽だったからである。商業社会は南方ではなく北方社会の特質である。北方では人間弱体テーゼは明らかに正しい。ルソーは人類の南から北への拡散は自然の破局、被造物とその自然的居住地の本源的連関を断ち切る生態学的災害の帰結であったと想定した。彼らは新天地に移ると生き残るために社会が必要になった。ここは他の政治思想家の主張と同じである。

社会のこうした正確な心的発生論は『人間不平等起源論』では描かれない。ルソーは問題にヒントを出すのみである。というのは【47】社会の心的発生を説くには、社会の意思疎通手段、すなわち言語の誕生もまた説明する必要があるからである。それは『人間不平等起源論』では彼に解決不能のニワトリとタマゴの問題として描かれている（おかげで読者は自力での解明を迫られる。応答した一人がスミスであり、もう一人がヘルダーだったことも有名である）。こうして、社会と自尊心の自然史は『人間不平等起源論』ではとても素描的かつ手短に終わり、スミスとの類似点の見当をつけるのは比較的難しい。ここにおいてスミスとルソーの二人が抱いた事実上同じ公然たる野心を思い起こしていただきたい。すなわち、グロティウスとホッブズの政治学をモンテスキュー以降の法、社会、政治の包括的理論の観点から捉え直そうとする野心である。スミスにおけるその輪郭をつかむには、『道徳感情論』を共感の自然史とみなす必要がある。同時にルソーの並行的な努力も、私が言語起源についての、彼の「第三論文」と呼ぶもの――ほぼ確実に『人間不平等起源論』の原本の一部であった――を視野に入れると明白になる。同書はアフリカから北方への移住史で、その間における言語を通した社会形成史である。言語は象徴的エゴイズムから遊びと音楽を介して出現した。それは効用主義的認識論ではなく美的認識論をもっていた。この一面は北方の効用に基づく商業社会史ではつかまれていないが、その形はスミスによる共感する自己の純粋な推測的歴史に非常に似ており、地理的移動ほかの考察が描写にはさまれないだけである。スミスはある程度までルソーの『言語起源論』と似た軌道上を進んでいた。それは今ではルソーの『人間不平等起源論』第一部と第二部の失われた連結環とみなせる。デュガルド・ステュアートが力説するとおり、道徳理論に対するスミスの寄与でおそらく最も持続力があるのは効用主義と社交主義（昔の法学的な意味で）[*2]への道を阻んだ点であろう。スミスは道徳理論では意図主義者 intentionalist だが、しかし彼は洗練をへた利己的体系のなかにそれを据えた。政治とは利己的人間本性の絡まり合った帰結である。私たちはその心理学的基盤を十分に見ないなら（簡略にとどまるが、後の章でこれについて話すつもりである）、ルソーとスミスの政治学を真剣に比べようと考えてみることさえできないのである。

注

（1）Smith, *TMS*, IV.1.10. スミス『道徳感情論』水田洋訳、岩波文庫、下巻、二〇〇三年、二二一～五頁。
（2）Smith, "Letter," p. 251. スミス「『エディンバラ評論』同人たちへの手紙」水田洋訳、『アダム・スミス哲学論文集』水田洋・須藤壬章・只腰親和・藤江効子・山崎怜・篠原久訳、名古屋大学出版会、一九九三年、三二一八頁。
（3）Smith, *TMS*, I. i. 1.1. スミス『道徳感情論』水田洋訳、岩波文庫、上巻、二〇〇三年、二三頁。
（4）Ibid. スミス『道徳感情論』上巻、二三～四頁。
（5）Ibid., I.i.1.4. スミス『道徳感情論』上巻、二七～八頁。
（6）Ibid., I.i.1.5. スミス『道徳感情論』上巻、二八～九頁。
（7）Adam Ferguson, "Of the Principles of Moral Estimation," in *On Moral Sentiments: Contemporary Responses to Adam Smith*, ed. J. Reeder (Bristol: Thoemmes Press, 1997), pp. 92-3.
（8）Ibid., p. 93.
（9）Thomas Reid, "A Sketch of Dr. Smith's Theory of Morals," in Reeder, *On Moral Sentiments*, pp. 81-2.
（10）Ibid., p. 77.
（11）Ibid., p. 70.
（12）Thomas Reid, "Letter from Thomas Reid to Lord Kames," in Reeder, *On Moral Sentiments*, p. 66.
（13）Dugald Stewart, "Account of the Life and Writings of Adam Smith, LL. D.," in *The Collected Works of Dugald Stewart*, ed. W. Hamilton, vol. 10. デューゴルド・ステュアート『アダム・スミスの生涯と著作』福鎌忠恕訳、御茶の水書房、一九八四年。
（14）Dugald Stewart, *The Philosophy of the Active and Moral Powers of Man* (Boston: Wells and Lilly, 1828), p. 228.
（15）Ibid., pp. 225-6.

(16) Ibid., p. 227.
(17) Smith, *TMS*, VII.iii.1.4. スミス『道徳感情論』下巻、三四一頁。
(18) Samuel Pufendorf, *The Law of Nature and Nations*, ed. J. Barbeyrac, trans. B. Kennet, 5th ed. (London: J. & J. Bonwick, 1749), 3.2.14.
(19) Ibid., 7. 1. 14.
(20) ハチスンの初めの大著は一七二五年の『美と徳の観念の起源の研究』であった（『美と徳の観念の起源』山田英彦訳、玉川大学出版部、一九八三年）。彼の考えをジョン・クラークが一七二六年に『理論と実践における道徳の基礎』で、アーチボルド・キャンベルが一七二八年に『道徳的な徳の起源の研究』（大幅変更のうえ一七三三年に再刊）で批判した。一七二八年にハチスンはクラークとキャンベルの批判に配慮した『情念と情緒の本性と性向』を刊行していくつかの面で見解を改め、『美と徳』の後の版も一七三八年まで改訂した。
(21) Smith, *TMS*, IV.1.1-2.12. スミス『道徳感情論』下巻、一一～四五頁。
(22) David Hume, *A Treatise of Human Nature*, in *The Clarendon Edition of the Works of David Hume*, ed. D. F. Norton and M. J. Norton (Oxford: Oxford University Press, 2007), T.3.2.1-6; SBN 477-534. ヒューム『人間本性論 第三巻 道徳について』伊勢俊彦・石川徹・中釜浩一訳、法政大学出版局、二〇一二年、三一～九二頁。
(23) 一七二五年にフランシス・ハチスンは『ダブリン評論』に笑いに関する三つの試論を発表しており、一本目はホッブズ批判であった。次の本に所収。Francis Hutheson, *Reflections upon Laughter, and Remarks upon The Fable of Bees* (Glasgow: R. Urie, 1750).
(24) Smith, *TMS*, III.3.4. スミス『道徳感情論』下巻、三一五頁。
(25) Ibid., III.1.5. スミス『道徳感情論』下巻、三〇〇頁。
(26) Ibid., I.i.5.5. スミス『道徳感情論』上巻、六三～四頁。
(27) Reinhard Koselleck, *Critique and Crisis: Enlightenment and the Pathogenesis of Modern Society* (1954). (Cambridge, MA: MIT Press, 1988). コゼレック『批判と危機——市民的世界の病因論』村上隆夫訳、未來社、一九八九年。
(28) Montesquieu, *The Spirit of Lows*, ed. A. M. Cohler, B. C. Miller and H. S. Stone (Cambridge: Cambridge University Press, 1989),

pt. 1, bk. 3. モンテスキュー『法の精神』野田良之・稲本洋之助・上原行雄・田中治男・三辺博之・横田地弘訳、岩波文庫、上巻、一九八九年、七〇〜八六頁。

（29）Ibid., pt. 1, bk. 3, chaps. 2-5. モンテスキュー『法の精神』上巻、七〇〜八頁。

（30）Ibid., pt. 1, bk. 3, chap. 7. モンテスキュー『法の精神』上巻、八〇頁。

（31）Ibid. モンテスキュー『法の精神』上巻、八〇頁。

（32）ホントは『スペクテイター』一七一四年九月一日号（第五八八号）に掲載されたヘンリ・グローヴの論文を念頭に置いている。次を参照せよ。Istvan Hont, "The Early Enlightenment Debate on Commerce and Luxury," in *The Cambridge History of Eighteenth Century Political Thought*, ed. M. Golide and R. Wokler (Cambridge: Cambridge University Press, 2005), p. 405.

（33）ホントはトログロデュテスに関するモンテスキューの話を論じている。"The Early Enlightenment Debate on Commerce and Luxury," pp. 405-7.

訳　注

＊1　モンテスキュー『ペルシア人の手紙』井田進也訳、井上幸治責任編集『世界の名著　三四　モンテスキュー』中央公論社、一九八〇年、八七〜九〇頁。なおフランス語読みは「トログロディト」。

＊2　第一章のプーフェンドルフをめぐる議論を参照。

第三章 統治の歴史——判事が先か、法が先か？

3

HISTORIES OF GOVERNMENT
WHICH COMES FIRST, JUDGES OR THE LAW?

【48】さて、次にルソーとスミスの意見が一致する点としない点を検討しよう。一致点は、人間の自然的社会性と道徳性を両者が否定したことである。そして不一致点に光を当てるためにルソーの『人間不平等起源論』をスミスが評した文章に戻ろうと思う。そこにははっきりとした不一致が書き留められているからである。問題のくだりでは、マンデヴィルとルソーがともに「人が社会のなかでともに生きられるように適応する才覚、慣習、技能はすべて一様にゆっくり進歩して漸進的に発展するという点で同じことを想定しており、彼らはともにこの進歩をきわめて同様に描いている」(1)と記す。

スミスは後にこうした現象に対してよく似た接近法をとるので、これに同意していることになる。ところがルソー評では一歩踏み込んで批判に及ぶ。

二人［マンデヴィルとルソー］によると、現在人類を不平等にし続けている正義の法は、元来狡猾で権力のある人たちが同胞たる他の被造物に対して不自然で正義にもとる優越を維持または獲得するために考え出したものである。(2)

【49】スミスは本来マンデヴィルとルソーの文面の驚くべき類似性をめぐってこう述べているので、この論評は脚色ではない。しかし自らは反対している。実際、彼はその後の著作全体を、正義の起源についてのこの説明に対する反論に費やしている。スミスの共感の自然史はこの形で進められた議論ではなく、ヒュームの正義の自然史をモデルにしている。実際、根本的な分岐はヒュームによって行なわれたと論じてもよかろう。スミスは彼に従ってこの方向をとるが、それは二番煎じ的なものではない。本章の表題「判事が先か、法が先か？」は、彼がなしとげたことの特質を捉えていると思ってつけた。スミスにとって問題は、たんに正義と統治が人為によるものだと再述することではなく（マンデヴィルもルソーもこれは述べているので）、正義と統治の両方の自然史を構築してみること

である。ヒュームは正義の自然史を書き、スミスは統治の自然史を目指している。繰返しになるが、問題はたんに政治の人為性ではなく、その人為性の性質であった。これをつかむには、政治の生成とその歴史の本性を理解する必要がある。

この問題についてはスミスとルソーの基本的発言の一部に目立った対照がある。まず『人間不平等起源論』を取り上げよう。ルソーは所有の起源と社会契約を描いたあと、「生まれたての政府には恒常的、規則的な形態がなかった」と論じた。

社会はすべての個人がいくつかの一般的習慣の遵守を誓い、共同体がそれら習慣の一つ一つに対して保証人となることでしか成りたたない。経験はこうした体制がいかに脆いか、またそれを攻撃する人たちが、公衆のみが目撃者でも判事でもありうるような確信や処罰をいかにやすやすと免れうるかを示さずにはおかない。法を回避する方法は無数にあるに相違なく、不便と無秩序は肥大せざるをえず、ついには公共の権威という私人の危険な管理者に一任し、人民の評議に気を配る仕事を行政官に委ねることになる。(3)

【50】これらはみな縁遠いことではない。社会の最初の段階に人の手に成る自然的ではない法があり、それが遵守されないとき、またそのときにのみ、法を施行するために社会にあらためて法的権威をつくる必要が出てくる。ルソーはこれが人間による正義の創造史に対する正しい順番のつけ方だと断固として考えている。まず法があり、後になってはじめて判事と行政官が現れた。『人間不平等起源論』で彼は言う。「連合 confederation の成立前に首長が任命されたとか、法それ自体より前に法の執行者がいたと述べることは、真剣に反論するに値しない思い込みである」(4)。

スミスは対角線上の反対側に目線を置く。彼はグラスゴウでの『法学講義』や、その講義に基づく『国富論』第五篇でも、征服されたゲルマンの属州にローマの法廷を導入することに大反対があったと論じている。

正義の法廷ができたとき、粗野な民にとってそれは概して耐えがたい権威に見えた。所有がかなり進行した時代には判事が足りないことはなかった。判事は必要で、それでもすべてのもののなかで最も恐かった。こういう場合どうすればよいのか。(5)

スミスがルソーときわめて似た道をとったように最初は見えるかもしれないが、彼は実際には正反対の理論を展開した。こうした社会は必要から最初の判事を設けた。ところが判事の権力が非難されて恐れられたので、この恐れの解消法を見出す必要があった。判事は統制のもとにおかれる必要があり、判事が解釈すると述べる規則を定めてそれによって彼らの活動は規制された。スミスによると「これはアテナイ、スパルタその他の地にあてはまり、そこの人民は判事の執務が法で規制されるよう求めた。なぜなら、彼が審理をどう進めるかがわかれば、恐怖は大なる程度において取り除かれるからである」。彼はルソーに直接反対し、ここから示唆を導き出して明言している。

法はこのようにして判事を設置した後に生まれた。最初に判事を設けたときに法はなかった。誰もが【51】胸中に抱いて他人にもあると期待する自然的な正義感を信頼した。法が判事よりも先に社会の発端において設けられたのであったなら、そのときに自由の妨げになったであろうが、判事よりも後にできたなら、自由を拡大し確保することになろう。なぜなら、法は人民に対する判事の権力や執務ほどには私人の行為を規定または規制しないからである。(6)

この具体例でスミスがルソーと一致しないことは争えない。だから彼がここでルソーに対して意図的に反論しているのだと私は思う。スミスがこのくだりで明白に述べているとおり、問題は自由の解釈にある。二人は自由観に関して鋭い対立を示すわけではなかろうが、自由が、したがって政治社会がいかに創出されたかという問題については、決定的に意見が合わないと思われる。彼らによる近代の自由と法の歴史は食い違い、これは結局、政治観の違いに帰着する。彼らは自然的社会性などないとする出発点は同じなので、法の生成史に関する不一致は商業社会における政治に関する見方の違いに帰着する。この相違はどこに由来し、どのくらいにまで及ぶのであろうか。

ルソーは判事と法の起源の適切な順番についての見方を述べたのとまさしく同じページで、人民が判事と族長を選任しようと決めたのは自らの自由を向上させるためであって、隷従や依存に入るためではなかったと説明した。これはスミスの見方でもある。それでもなお、彼らは二つの最重要論点を違う仕方で見ている。第一の争点は習慣conventionの本性とそれらの歴史の理解である。別言すると、彼らは社会契約の概念に関して考えが異なる。ヒュームが社会契約を歴史的事実の描写とする見方を覆したことはよく知られている。ただ彼は規範的論理として同説がもつ説得力は認めた。(7) スミスはグラスゴウ講義でヒュームの契約主義批判を忠実に再構成した。(8) 彼の、またヒュームの目的は社会契約の考え方を否定することではなく、法的・政治的な規範を契約論的に描く歴史を、もう少し説得力のある歴史的説明で置き換えることであった（私たちはこの「歴史」が【52】理論的歴史、すなわち時系列に沿った概念の継起であり、したがってルソーとスミスの間での判事と法の正しい誕生順序に関する論議が重要であることに注意すべきである）。

ヒュームが考えたのは契約contractを盟約compact――時間経過のなかで試行錯誤をへて現れた実際の協力の営為から表明された暗黙の協定――で置き換えることであった。まさしくこういう考えこそ、判事が法より前に存在したという見方を支えるのである。ある有能な人物が個人間のもめごとを解決する。そうするように何度も何度も依頼されると彼は事実上判事になる。この営為の効用がひとたび過半数の人たちに明白になると、組織と原理がつくられた。専門家による裁判という慣行が一般化すると、その営為が標準化され、原理が成文化された。ヒュームは、分配手順のこの種の標準化はあらゆる状況にとって正義ではないが、適度な稀少性を条件として生活し、物理的・心理的に似たり寄ったりの能力をもつ不足がちな個人にとっては必要だと力説した(9)。彼らから見ると、生存の必要が私的所有の創出を命じ、これと同じ経緯のなかで正義の制度がつくられた。ヒュームにとって正義と所有は隣接のカテゴリーである。

ルソーとスミスが袂を分かつのは、ここにさしかかった所においてである。ルソーは首長と判事の創設を説明する際に、人民は自分たちが敗者だと認めるよりも、この交換から何かを得られるように優れた人たちを自分たちのために選んだのだと指摘した。ルソーは所有については人民にどのような利点があるか理解できなかった。財産分割が比較的長く維持されるには、自発的に受容される必要がある。超然たる強い力が人民に不正を押しつけただけなら、私的所有が安定する可能性はなかっただろう。だからルソーは別の道を探るしかなかった。しかし、過半数の人たちがこうした望まれぬ条件を自発的に認めるといったことは、人民が誘惑的な修辞に騙されたときにしか考えられない。法制化された私的所有は信頼という仕掛けから生まれ、この事実は社会の成長に永遠に負の影響を与える仕組みになっている。ルソーが言うには、私的所有の不平等は拡大しやすく、それに基づくあらゆる政治的措置を混乱させる傾向をもつ。ルソーは専制と平等主義の振り子という暗い見取図を描いたのだ。政治的不安定性が繰り返す周期、つまり（一八世紀の言い方では）旋回運動をつくり出すことによって。これはスミスの見方とは異なる。

【53】スミスが異なる見解なのは、私的所有と不平等について夢想めいた見方をしていたからではない。実は彼はどちらも辛口に批判している。しかし、彼は商業社会の仕組みが長い目で見て有益な傾向をもち、過半数の人た

ちの平等と物質的厚生をますます高めることを認めている。これは明らかに『人間不平等起源論』のルソーの見方とは違う。では彼らはなぜ分かれるのか。

ルソーもスミスも法と政治の起源を説明しようとして正義と社会の自然史を創出した。彼らは実際ヒュームと同じパラメーター（変数）を自分たちの理論に取り入れている。彼らは適度な稀少性という条件下で不足がちな人間にとっての正義に関心を抱いている。言い換えれば、これはおそらくギリシアのような地中海地域の一部も含む西ヨーロッパの政治的・経済的条件である。だから彼らは適度な気候に位置する社会の生成と歴史に関心を寄せているのだ。ルソーの『人間不平等起源論』に従って理論的に言うなら、彼らは人間の連合の原因が物理的必要である社会の歴史に関心をもっていた。

ルソーもスミスも道徳と統治の歴史をモデル化する際の出発点として、ホッブズが原始の人間の社交性をアリストテレスに反対して否定したことを取り上げる。彼らはホッブズと同様、人間は物理的必要も精神的必要も共にもち、精神的必要はきわめて強く破壊的だと見た。だから精神的必要——認知要求——の充足が人間社会にとって中心問題となるわけである。ホッブズは精神的必要の内実を本質的には、政治を通じての、誇りと栄光の追求と見た。おそらくルソーとスミスは物理的必要と精神的必要の相互作用を、より接近しており、継続し、発展するものと見た。そしてそれゆえにホッブズよりも経済的または効用ベースの社会構造を社会思想の前面に出しておいたのであろう。ホッブズは社交性と効用を政治学の基盤から排除したが、後代の人たちはさまざまな目的のためにその一部を取り戻そうと考えた。ここで私たちに関心があるのはその一部のみである。興味をひく論じ方の一つは、フランスのアウグスティヌス派、いわゆるジャンセニストのそれである。彼らは堕落した人間というキリスト教の教義を強めた議論から始め、堕罪が巻き起こした混乱を緩和するための地上の国での政治的人為というホッブズ的解決法を認める。堕落した人間という彼らの考えはホッブズの没社交的または反社交的な人間に酷似している。堕落した人間は愛や慈善をもたない被造物で、栄光の追求と貪欲で頭がいっぱいだが、それでも社会のなかに生きている。この【54】角度から見ると、商業の効用は二次的にだが緩衝材となって社交をもたらす因子として機能すると思われる。それは政治組織を安定させ、精神的欠乏が焚きつけた終わりなき抗争にフタをする力になりうる。(10) 近代君主政についてのモンテスキューの思想は、政治的議論のこの系統に属す。ピエール・ニコルのようなフランス絶対主義を批判するジャンセニストは、剣による規律的主権は持続的秩序を打ち立てるに十分ではないことをはっきり見抜いていた。不満や競争を中和する必要があるなら権力の剥き出しの行使では足りない。代わりにそれは堕落した人間を主として効用の釣り針でつかまえることに――あるいはもっと正確に言うなら、栄光の追求と貪欲は、効用と混じり合い、また効用を通して表明されると認めることに関わらねばならない。富の尊重と物的な豪華さへの欲求は個人の栄光〔の追究〕が外に表れた印で、ともに徹底して腐敗した感情だが、堕落した人間の精神にとっては抗しがたい力をもつ。正義の守護者として国家が規律で束ねて後見するもとでは、効用と誇りは社会の平穏や改良を直接導く結果になるように組み合わせることができよう。このような議論の本質は、社会の純粋に物質的、物理的、あるいは経済的紐帯に対して認知の政治学が優勢だと見た特徴的なホッブズの主張を保持することにあった。こうしてジャンセニストの場合、ホッブズ的語り方はキリスト教神学と絡まり合っている。他方で、ルソーもスミスももっと純粋で本源的なホッブズ的（またはエピクロス的）語り方に立ち戻り、彼らの同時代人の多くがそのことをきわめて明確に理解していた。事実、政治理論家がこうした語り方を明快に見分ける能力をすべて失ったのはごく最近になってからのことにすぎない（私は二〇世紀になってからだと思う）。

ルソーはジャンセニスム的、モンテスキュー的解決法はホッブズに改良を加えたのではなく、むしろ彼の主権学説の力を殺ぐと論証したかった。その議論を進めるにつれて商業の効用と認知要求は結合されてホッブズの国家が過度に集権的になったのだが、この形の政治学はなお不安定であった（このルソーへの反映においてこそホッブズは近代的な商業的政治理論家ではなかったし、そうなりえなかったことがきわめて明白になる）。スミスはヒュームと同様に正反対の進路をとり、認知の政治学と効用追求が繰り広げる力学が【55】正義と合法性の枠組みのなかで全面的に作用をゆるされるなら、絶対主義的統治は不要だと主張した。ヒュームの主張によると、政治学には二つの根底的な原理がある。自由と権威である。彼によると、ホッブズは政治的権威の理論では偉大な革新家だが、彼の時代の特殊な政治状況のために権威を重視しすぎた。よき政治理論は自由と権威が連携して作用するよう両者を保たねばならない(11)。ルソーとスミスは自由に対する権威の関係について同じ立論をした。ルソーは政治学を権威から遠ざけて自由に近づけることで反ホッブズ主義を押し進めすぎたと論評する人もいる。ただ、この見方には実質的に長所がない。ルソーが言うには、政治学の法則が何よりも重要なことを理解するには、人間社会の発展のなかで自由と権威の関係をきわめて正確に理解しなければならない。スミスも法と統治の理論と歴史において同じ主張をした。いずれもこの一大テーマ——すなわち合法的権威の可能性というテーマ——を歴史化する理論をきわめて類似した手段で打ち立てることに取り組んだのである。

この言説のなかで効用はいくつかの意味をもたされている。一つは自由という意味である。特にヒュームやスミスの用法ではそうである。効用はまた必要から創出された社会を、経済的紐帯として表現する。まさに権威ではなく効用に根ざす政治は、社会を経済的相互作用の様式として想定するような社会概念に依拠している。スミスの読者は長らくこれが彼の根底をなす政治学体系の唯一目に見える要素とみなしていた。マルクスの先例を探し求める人たちは、根底をなす社会を規定する生活や生存の様式に関して統治やその他の社会制度を分類する四段階論を見出した。スミスが四段階を挙げたことは広く知られている。狩猟採集段階、遊牧または牧畜段階、農業段階、商業段階である。こういう型の理論形成は『道徳感情論』刊行以前にあってさえすでに繰り広げられていたことがわかっている。スミスがオックスフォード大学からスコットランドに帰郷したあと、まず生計を立てる仕方は、ヘンリ・

ヒューム（ケイムズ卿）――地主、文人、スコットランド高等判事――の恩顧のもと夜間にエディンバラで授業をすることであった。この講義についてはほとんどわかっていないが、スミスは修辞学と文学についての一種の美学系コース、もう一つには歴史と法学原理について講義した。彼が四段階論を初めて表明したのは後者においてで、それは一七四五年のジャコバイトの恐怖の後におけるスコットランドのエリートの関心と、特にケイムズの考えに共鳴したものであった。【56】これはケイムズがスコットランド法を近代化して封建的残滓を一掃しようとしていたためであった。社会が変わると法も変わるしかないと、またこの種の法学理論はまずこういう知的環境のなかで浮上したと論じてよい。こうした近代の法学的伝統のなかでの四段階論の起源、とりわけ所有権理論や経済的改良の観念における段階論の起源が、農業や荘園経営に関する古代ローマ人の思考に遡るとみなすことは一般的習慣である。この言説はまた、モンテスキューの『法の精神』の甚大な影響もとどめる。同書は根底にある社会の精神と調和するなら法を変える権威を認められるとして法的・行政的な改革を論じていた。スミスの友人たちは、彼が法と統治の歴史的理論を書くことにした際に、実はグロティウスの課題ではなくモンテスキューの課題を取り上げた、とつねに論じ続けた。これが『道徳感情論』のあとスミスが二冊目の本を書こうとして抱いていた構想であった（それは『国富論』ではなく彼が遺言で死後焼却するよう命じたので世に出なかった本である）。彼は一七五九年の『道徳感情論』でそれを予告している。(12) 年代順に考えると、現代のアメリカの思想でもよくあるが、法と政治の著述構想はスミスの道徳哲学の拡張や延長と見るべきだと考える人もいよう。けれども知的な発生の順序を正反対と考えることもできる。『道徳感情論』はまさしく道徳理論という種類のもので（当時の多くの人たちが道徳理論ではなく社会理論と単純に見てしまったことは上に述べた）、同書はすでにスミスが着手していた法と政治の著作案の序説になっていたからである。スミスがルソー評を書いた一七五五年に何を考えていたかを示す唯一の証拠は、今では失われたが、デュガルド・ステュアートが一七九〇年代前半にスミス記念講義の原稿を書くとき利用できた断片メモである。この断片は一八世紀前半におけるフランス人の理論構成を思わせる論調で政治改革と自由取引論を扱っている。私が示唆しているのは、『道徳感情論』のなかの共感の自然史は彼の法の自然史と同じ構造をもっていたのではないかということである。いずれも相互に判断を下し、厳しい判決から防御しあう人たち——前者は個人を通して、つまり道徳的に、後者は制度を通して、つまり法的に——に着目している。いずれの例でもスミスはヒュームの人為的徳としての正義の自然史を【57】ひな型として用いている。ルソーと違って、スミスは事実から権利、歴史から規範、「である」から「べき」への移行のきっかけになった法 legality の誕生を説明するとき、契約の観念を構成要素として用いることを退けた（ヒュームは「である」から「べき」への移行を不適切な仕方で考えることを批判したが、実際にはそれに反対してはいない）[13]。スミスの反契約主義はヒュームに従ったものであるが、他方でルソーはなおホッブズに従っている。ルソーもヒュームを読んだらどうなったかは決して知りようがないだろう。ルソーとスミスの比較をさらに明確化するにはヒュームとホッブズの関係を正しく理解する必要があろうが（ヒュームはホッブズではなくロックを批判した）、これは本書のテーマではない。ここでは**止揚** *Aufhebung* というヘーゲルの用語（字義的には「もち上げること」）でそれを描くこともできよう。相互作用のなかで論争の弁証法があったからである。ハチスンはホッブズを攻撃し、ヒュームはハチスンを攻撃した。だからヒュームはホッブズの考えのいくつかをより高次の、すなわち適宜かみ砕いて哲学化した水準で言い換えたことになる。スミスはグラスゴウでの最初の師であるハチスンに逆らったが、この種の弁証法に従ったわけである。両人にとって、ホッブズを改良するとは、国家の自然史から契約論的な要素を取り去らねばならないということを意味した。

政治学において効用をあらためて重視する考え方が、ホッブズがそれを難じた後で再び重視されて、経済の組織のされ方によって歴史の構造が定まるという段階論に帰着したという考えに立ち戻ろう。スミスがこの変化に共鳴したことは衆知の事実だが、ルソーも同じ方向をとったことはよほど注目度が低い。しかし、言語の起源に関するルソーの第三論文、特にもともと第二論文（『人間不平等起源論』）として書かれた部分に耳を傾けてみよう。同書で彼は論じる。「人間の勤労は必要が生み出したもので、それにつれて拡大する」。

人間は狩猟、家畜飼育、農業の三つの可能な生活法に訴えてきたが、狩猟は力、技、すばやい身体運動、勇気、魂の狡知を育み、人間を強く猛々しくする。狩猟者の住む地は長らく狩場のままにとどまりはしない。かなり遠くまで獲物を追わねばならないので馬術が生まれた。逃げ去る獲物を捕らえねばならないので投石器、矢、槍など初歩的な武器が生まれた。牧畜の技は休息と不活発な情念の父【58】で、最も自己充足的な技である。ほとんど努力なしで食物と衣服を与えてくれる。住居さえも。最初の牧人のテントは動物の皮でできていた。小屋の屋根、モーセの幕屋もしかり。農業はのちに重要になり、すべての技芸を包含している。所有、統治、法、またたんだんと悲惨さや犯罪も農業はもたらした。それらは私たちの種が善悪を知ることから切り離せない。[14]

これはスミスの段階論とさほど違わない。ルソーが経済発展の三段階のこの叙述から結論を引き出すとき、類似点はいよいよもって明白になる。

上述の分類は社会と関連づけて考察された人間の三つの状態に対応している。未開人とは狩猟をする者、野蛮人とは家畜を飼う者、文明人とは土を耕す者である。

だから技術の起源を探ろうと最も早期の道徳［生活様式、習俗 *moeurs*］を研究しようと、すべては原理上、人間が生存する手段に関係するとみなされ、人々を結びつける手段の内訳を見ると、それらは気候や土壌の性質次第である。したがって言語が多様で反対の特徴をもつことも同じ理由から説明されねばならない。[15]

こうした考えが登場する言語論の部分は、『人間不平等起源論』の第一部と第二部で描かれた人類の物語の空白を埋めようとするものである。この文脈のなかで、ルソーはホッブズの自然状態モデルの非歴史性について有名な不満を繰り返した。彼はヨーロッパのみで人類史が展開したと想定することをヨーロッパ人の誤謬として描いている。まったく逆で、人類は熱帯の快適な気候のもとで生まれた、だからアフリカで生まれた、と彼は論じた。ここでは人間が初めひ弱または無力だったという標準的仮定はあてはまらない。ヨーロッパ史は移動の帰結であり、人間なる動物とその自然的居住環境のつながりとの断絶である。それはある気候から別の気候に物理的に移住するよう導いた災害か他の何らかの自然の出来事に起因する。【59】こうして標準的物語は確かにヨーロッパにはあてはまるが、しかし人類全体にはあてはまらない。ヨーロッパ社会は実際に欠乏と効用によってできた。ルソーが説くには、「助けてくれ！」は人間の他人に対する悲しげな叫びだが、彼なり彼女の仲間に交流や援助を求めたとき発せられた。ではもとの南方の人たちはどうなったのか。彼らには致命的弱点などなく、したがって他人への真の要望は互いにもたないから、社会などなかったのか。彼らの人間的能力や情念はずっと不活発なままだったのか。アフリカでは人為的社交性の発展はなかったのか。人間の認知要求はなかったのか。これはルソーがよく知られるように『人間不平等起源論』で未解決にした物語の部分であったが、その理由は社交性の主要な運び手としての言語の起源を確定しようとするとぶつかるジレンマだからである。言語の起源についての試論で、彼はこの問題に向き合わねばならなかった。

語りの第一段階は効用の物語の範囲内にとどまる。社会は人間が日ごろ顔を合わせるところでのみ形成されうる。アフリカでさえ、これは何らかの物理的必要があるために違いなかった。これはなお基本的な動物的必要だとルソーは強調する。アフリカでは動物も同様に行動するからである。彼はくだんの必要をのどが渇いたので水を飲むことに特定する。アフリカ人は川やオアシスや井戸に集まる。しかし一度集まってからは動物と異なる点が出てくる。というのは、自分たちどうしを比べて人間らしさを見出し、同じ種に属すると気づくからである。彼らに原始的な、比較する社会的自己が芽生え始める。『人間不平等起源論』で、ルソーはメイポールの村の宴で自尊心が突如生じたと論証した。それはヨーロッパ文化のなかのコミュニタリアニズムの象徴である。そして人間の原初的な見た目 lookism が競争を生み勝敗を決めたがるようになり、このため憤慨や復讐が生じたと論証した。言語論でも、サバンナの水場に集ったアフリカ人に同じ物語があてはめられる。彼らが社交するのは協力して物理的必要を満たすべきだからではない。水は自然的で誰にも共通の資源であり、飲むことは個人の活動だからである。むしろ人は認知してほしいという心理的必要、自尊心から社会をつくった。彼らの悲しげな叫びは「助けてくれ!」ではなく「愛してくれ!」であった。

話し言葉は認知を求める身振りに始まる歌でありメロディであった。言語の社会性は経済的必要ではなく文化的必要の子供であった。根底にある人間精神の美的感覚、愛や秩序の求めが交錯し、自然や他の人間への驚異が力を貸した。【60】スミスもこうした考え方を十分に共有している。しかしそれはここですぐさま関心をひく論点ではない。ルソーによると、言語は南方の熱帯で生まれ、人間が北方への移動を余儀なくされる前に発達していた。北方にたどり着くと新たな環境で人間の身体的能力がたいへん不足していると気づいたが、人々はすでに言語を話すことができ、助けも呼べた。ルソーの見方では、北方の人間の言語は、合わない環境での厳しい生活による必要で荒廃した。そこで生じたのは認知の社会が互いの必要の社会、効用の社会によって覆われたことである。その帰結は良い面でも悪い面でもはなはだしかった。いずれにせよ、北方史の型は必要に、つまり経済生活の様式に規定された。南方では歴史に段階はなく一段階のみであった。発展過程としての歴史は北方で生み出されたのである。

ルソーもスミスも基本的にこの北方史、ヨーロッパ史を伝えたがっており、それは発展史であった。欠乏しがちなことでその克服の努力が求められた。この努力は知性を発達させ、人間の中に眠っている能力を解き放った。そしてまた人間による環境の利用法を変えてしまった。必要が発明の母であった。北方では物質的必要も心理的必要も人間を前進させた。愛の社交と必要の社交の二つが相まったことが動的変化を引き起こした（「愛 *amour*」なる語は自己愛 *amour de soi-même* と自尊心 *amour-propre* の両方に含まれていることに注意されたい。それらは理性でも観念でもなく愛である）。人は幸せに生活することを考えられるようになる前に、まず生存の意味で生活することを考えねばならなかった。ルソー自身の言葉を見よう。

お互いを必要としあうことは、感情によるときに考えられるよりはるかに効果的に人間を結びつけた。社会は精励のみから形づくられ、消えることのない死亡の危険によって言語は身振りを超えて発達した。だから人々の初めの言葉は**愛してくれ**、ではなく**助けてくれ**、であった。(16)

スミスはルソー（とその前のマンデヴィル）がこういう発展の物語に法の誕生をうまくはめこめなかったと主張した。ルソーは正義が自然的ではなく人為的であると理解した。言い換えると、正義が慣習に根ざすなら慣習 **convention** がそれを生んだに違いない。慣習の論理的ひな型または理念型は契約である。ヒュームと彼を継承する【61】スミスは別の見解を求めた。ヒュームは代案の輪郭を素描したが、スミスはその自然史を書き始めた。彼は適正な法治体制を共和国 **republic** or *res publica* と呼び（狭義の共和国も君主国も含みうる諸形態の共和国 *rei publicae* という特殊な意味。これはモンテスキューとルソーの用法、ホッブズの用法と同じである）、それがまず古典古代にギリシア、それからローマで現れたと述べた。彼はこの発展は長く複雑な歴史の帰結だったと主張した。それは法自体の発明によって始まり、続いて日を追ってますます精緻に制度化される長い過程に従ったというわけではない。正反対に、法（または権利）自体なるものの観念に結実する漸進的な制度化の長い過程があった。法の誕生を形づくった根底をなすメカニズムは社会の緊密化であった。社会自体が必要で束ねられたものと認められていた。上述のとおり、ルソーは段階論を同様にしてモデル化した。彼は記す。

> すべては原理上、人間が生存する手段に関係するとみなされ、人々を結びつける手段の内訳を見ると、それらは気候や土壌の性質次第である[17]。

ルソーはさらに法の生成を第三段階に関連づけてこう記した。

> 農業はのちに重要になり、すべての技芸を包含している。所有、統治、法、まただんだんと悲惨や犯罪も農業はもたらした。それらは私たちの種が善悪を知ることから切り離せない。かくてギリシア人はトリプトレモスをたんに有用な技芸の発明者ではなく、ギリシア人に初めて教育と法を与えた創設者にして賢人とみなした[18]。

スミスもこの見方を完全に共有したが、彼はもう一歩先に進んだ。ルソーは第四段階を語らなかったものの、認識してはいた。都市化の発生である。都市は人口稠密になり、ますます【62】交換が盛んに進められるようになった。スミスは法——お好みなら**法治国家** *Rechtsstaat* と呼んでもよい——の勃興がギリシアに始まると見た。これはギリシアで農業が盛んになった——農業はギリシアに始まるが——点だけでなく、アテナイにおける都市、つまりポリスの建設に法の勃興を見出すものである。彼は都市社会または商業社会が巣立ったのは古代アテナイにおいてだと考えた。

まず判事が生まれ、その後初めて法が生まれたことをスミスがどう論証したか、詳細にはまだ論じていない。これは狩猟採集、遊牧という社会発展の最初の二段階にわたる。その理由は、私がルソーとスミスの思考の根がいかに似ているかを示すことに大いに関心を寄せるからである。両人ともモンテスキューの考え方を詳述していた。『法の精神』の著者もギリシアの発展の説明を地理的要因の指摘から始めた。これがルソーを魅了した。ギリシア政治の揺籃はアッティカで、そこは国で最も肥沃などころか最も痩せた地方であった。そこでは工夫を組み合わせる必要があり、それが目を見張る結果をもたらす。スミスはギリシアの法と農業の勃興を遊牧段階から農耕段階への、そして都市的・商業的な生活様式への移行の早すぎた、または特殊な例として描いた。それはグローバルな社会的・政治的な転換の一部でもなければ大陸規模のそれですらなく、アジアや大半のヨーロッパでも途絶えることなく続いていた遊牧生活の海に浮かぶ進歩の島を生んだ前衛的発展であった。だからこそ、古代の国々の法治は最終的に周りを取り囲む遊牧民によって滅ぼされたのである（読者は物語が純粋に経済的ではなく、きわめて肝心の点で軍事的であることにもうお気づきかもしれない）。

遊牧社会の政治から農耕社会（そしてのちには商業社会）の政治への真に画期的で組織だった移行は近代ヨーロッパ史のみで生じた。ギリシアでは遊牧から農業への移行は重要ではあっても孤立した現象で、地理的な偶然に規定されたものであった。初期ギリシア人はアジア型の遊牧民で、彼らは相対的に痩せた土地であるアッティカを征服したが、同地は明確な自然的境界をもったので一帯の防衛は楽であった。土地が狭いのでギリシア人は遊牧生活を農業という定住的な活動に置き換え、それが急速な経済発展を招いた。ギリシア人は余剰を生み出し、それが今度は職人の産業と商業に好都合であった。この経済発展はとてつもない帰結を生んだ。スミスが論じているが、彼らの富には強い防衛力が必要になった。だからギリシア政治は初め経済の論理に突き動かされてではなく【63】この富がもたらした安全性問題の結果として変質した。アッティカは山によってアジアから守られていたが、海岸線は守られていなかった。海賊に対する防衛で最良の対応は、全人民を防壁でうまく囲われた居住地に集めることであった。ギリシア人はこうやって農業的な都市国家または共和国を創出し、都市化によってギリシア政治は劇的に変化した。

はじめギリシアにはポスト遊牧期的な共同体構造があった。村々にはそれぞれの首長がいた。しかし都市では以前の部族別の首長は誰も他人を支配できなかった。だから都市全体の首長は生まれず、遊牧王国は成立しなかった。おまけに土地が狭いので都市住民はひしめき、このため初期遊牧共同体の特徴である大幅な不平等は生まれる余地がなかった。アテナイに民主政が生まれたことは同市の財産配分がますます平等化したことを反映していた。経済成長によって法的サービスの要望は増えた。一人で審理する個人判事の評決を誰もまだ信用できなかったので、初めは共同評決でこれに応じた。こうした判事が集会をもち、後にそれが立法集会となり、こうなって初めて共同体は実際に法を定め法治体制をつくった。スミスは、古代の商業社会における法の勃興をすべて解き明かすために続いてローマの例に訴えた。同国を古代の共和国という一族のもう一つの一員とみなしたためである。

スミスもルソーもローマに魅せられていた。『人間不平等起源論』は、ルソーがローマとジュネーヴを比べて、彼の近代共和国がいかにローマの過ちを修正しなければならないかについての腹案を出して始まる。この構想は後に『社会契約論』で全面展開される。後にその要点の一部に戻るが、一七五五年に『人間不平等起源論』でアカデミー懸賞をねらったときのディジョンのルソーと同じ命運を私自身がこうむりはしないかと恐れる。地方のアカデミーの学者の仕事は、毎日午後に一本の懸賞論文を読み上げて判断を下すことであった。ルソーの傑作を読むことは途中で放棄された。賛否を巻き起こす前でさえもそうであった。それは耳で聴いて理解するには端的に長すぎるので、こういう場では不適とみなされたのだ。

ルソーやスミスの政治学がなお互いにとても似ていながらも、結局は別ものになった理由はいろいろある。一つには、ルソーがジュネーヴ人で、『社会契約論』がジュネーヴのような都市共和国を取り上げていたことである。この場合、長いヨーロッパ史は【64】古代の都市国家、特にローマ共和国の政治がその後千五百年続く可能性があったように見せかければ短縮できていた。スミスの目には、ヨーロッパの古代と近代の間には巨大な溝があると見え、それらは二つの別々の政治的周期に属す。近代ヨーロッパの自由を安易に古代都市国家の自由の延長上にあると想像してはならない。その間にローマ帝国の滅亡、ヨーロッパの住民構成の全面的変化、封建制の勃興とその後の解体があったからである。ローマに遡る糸はあっても、近代ヨーロッパの政治はもはや都市国家の政治ではない。こうした状況下で法の支配を説明するには、封建制の解体とそれに続いてイングランドのような国々で見られた近代法の勃興を説明しなければならない。スミスの歴史はこの意味でヨーロッパの現実の歴史なのである。ルソーが述べた歴史は、少なくとも『人間不平等起源論』では、単一の制度的発展（つまり不平等の拡大）の衝撃の影響下で移行し形態を変える統治という新アリストテレス主義的歴史にはるかに近い。ルソーの歴史は歴史的ではなく論理的な論証によっている。本人の説明を見よう。

この進歩の必然性を理解するには、政治体の成立動機よりは、運営においてそれがとる形態と、これが課す不都合を考慮する必要がある。悪が各社会制度を必然化し、またその悪が制度の濫用を避けがたくする。(19)

国家が私有財産保護のために成立したのなら、それはこういう窮状から決して免れられない。ルソーが論証したのは、所有関係の動力学が壊滅性をもち、商業社会の特性がその心理的結果から逃れることを不可能ではないまでもとても難しくするという点である。たんなる効用ではなく効用と認知要求の結合こそ、近代の経済という機械の燃料となる。それを制御したければ効用と認知要求——それが自尊心である——が制御されねばなるまい。ルソーは政治的、心理動力学的な均衡に対するモンテスキューの期待は、君主国が不平等に、また尊重や自惚れの形骸化した階層秩序に根ざす以上は、殊勝な希望以上ではないことを示そうとした。これらの要因はそこから取り除けない。実際モンテスキューが望んだのは、まさしく君主国のこの特徴【65】、名誉と歪んだ名誉の体系こそが内的制御に可能性をもたらすということであった。だからこそモンテスキューの批判者らはフランスの延命にはもっと平等主義的な体制が必要で、それに合わせて名誉の体系も改革する必要があると力説した。彼らの見方では、ルソーは効用と誇りの間違った融合が存続できている限りフランスの病は癒せないということを、説得的に論証した。

スミスはルソーとともに効用と自尊心はつながったものとして、また、近代社会の本質的特質として扱わねばならないと主張したが、しかしスミスの見解では、効用と権威はルソーが示したものとは別の統治と法の歴史に基づく別の仕方で結合しうるのであった。スミスから見たルソーの問題点は、ホッブズ寄りであることではない。というのは、彼はルソーとまったく同じように主権説を認めたからである。問題はむしろ、ホッブズの政治的主張の諸側面に反論するとき、ルソーがロックに依拠した点にあった。ルソーの所有史と統治史の連結法はロック色が濃厚である。ロックはホッブズの絶対主義とフィルマーの父権主義に反対した。ルソーはこの歴史的類型を引き継いだが、スミスはそれには全面的補修が必要だと判断していた。スミスはロックやアルジャーノン・シドニーによる権威の契約理論は拒否せねばならぬということをヒュームから学んだ。ルソーは並行する走路を進んでいたが、それを逆走していたのである。

スミスにとって判事と法のどちらが先かをめぐる争いの問題は目新しくなかった。ロック政治学の目立った特徴は、自然状態を判事なき状態として定義した点である。また彼が、過去は現在や未来を縛れないがゆえに歴史は規範性の真の源とはなりえないと述べたこともよく知られていた。とはいえ、ロックはフィルマーの絶対主義に反論するために『統治論』第二論文第八章「政治社会の起源」で自らの初期統治史を展開した。これはヒュームとスミスの反契約論的批判の直接の標的となった、はるかに有名な第七章「政治・市民社会について Of Political and Civil Society」のすぐ次の章である。ロックは第八章で統治が明示的で法的に明確な同意なしに誕生したように描いた。自然状態とは制度化され集権化された司法形態をもたない社会状態であった。むしろ、ロックが強調したように、たんなる個人では処罰を執行するのに最大級の困難を抱えるとはいえ、一人一人が処罰の執行権をもっていたのである。人類史の初期段階にあった実際の処罰は共同体が定めた萌芽的な形の正義であった。【66】したがって統治の形成は共同体の司法権の漸次的生成として描くことができた。統治の権威に関するロックの推測的歴史は、人間は正義や規範の面では平等だが、身体的能力でも精神的能力でもきわだって不平等だという考え方に基づいていた。年齢や経験という基本的な違いに加えて、こうした自然的不平等こそが、初期社会において指導力の出現を促したのである。ロックの説によると、自然的権威は弱めの執行権を生んだ。大家族の家長たちは、厳密に親としての役割を終えてからも指導者としての役割を担い続けた。後に大きな社会単位ができると、こうした家長が部族の首長となり、ついには国民と呼ばれる部族連合の首長となった。この状態で判事はどう生まれるのだろうか。ロックの指摘では、共同体には組織内の個人の犯罪などよりも外側から、つまり他の共同体による脅威の方がはるかに大きかった。だから指導権、すなわち人間の人間に対する支配という考えは、はじめ対外安全保障の問題に対処しようとして生じた。それが軍事指揮権の創出を必然化したからである。司法権はひとたび軍事的指導権が既成のものとなるといっそう容易に創出できた。判事の仕事、つまり司法権は軍事指導者の追加の役割となった。初めその職位は選任制だったが、時代が下るとしばしば世襲的地位に変化した。こうした展開はどれも同意 consent に基づくものとして容易に通用した。というのは、それを人民全体に強要したのはまさしく苦境にほかならなかったからである。指導権の取決めは自発的に容認されたが、それは共通の必要に答える公的効用、つまり人民の安寧 *salus populi* の道具だったからである。ロックが力説するとおり、自然的権威による支配は素朴な信頼のほか、徐々に積み上がってついには後戻りできなくなる腐敗という迫りくる危険に無防備にも気づかぬことに基づいていた。初期統治の腐敗は積極的な抵抗や革命がない限りもとに戻せなかった。これは立法権の創出で達成された。ロックから見ると、腐敗は経済発展の結果であるだけに不可避であった。自然的権威と素朴で無条件的な信頼は、社会的・経済的生活が単純にして紛争が相対的に少ない限りでのみ実現しえた。貨幣が発明されるや富の蓄積や所有権の拡大が始まり、社会的紛争の発生が劇的に増加した。それとともに権力濫用の機会が増えた。『統治論』にあるロックの統治史のこうしたくだりはきわめて素描的だが、それは彼が【67】作用した因果連関のメカニズムを端的なヒントとして示すのみだからである。堕落した人間は内側から腐敗しやすく、その腐敗傾向は私的所有が拡大することでさらに助長され煽られて、それが所有欲と不正の機会を倍加させた。人間本性のなかには経済発展による腐蝕に対する自然な防衛手段は埋め込まれていない。貨幣の発明は原始社会の自然な限度をすべて突き崩した。このような腐敗は、公示されて反対不能な法が支配者にも被支配者にも一律に適用されることで政治における行き過ぎを有罪として処罰しないともとに戻せない。そういう立法をもたらすには、最高権限を握る立法部が腐敗を制御する務めを担うような、同意に基づく新体制を確立することが必要である。ルソーは第二論文(『人間不平等起源論』)でこの物語とロックの財産・貨幣理論の要点を取り入れた。もっとも彼は、結局はそれらをロックとは別の形に展開したのではあるが[20]。

スミスは別の道を歩んだ。彼による法と統治の理論的歴史は複雑でもあれば詳細でもあり、ヨーロッパの社会的・法的展開を全面にわたってたどっている。しかしその輪郭は、ロックやルソーの歴史と比べると、まったく明確なものとして立ち現れる。第一に彼の出発点も自然的権威の歴史である。第二にスミスは法と統治双方の発展を経済発展に関連づけることにおいて決定的な努力をした。ロックは不平等と貨幣がよき統治の土台を掘り崩したと述べたが、それは全面的に法に従う政治体制を打ち立てるには、それらの腐蝕効果に抵抗する必要があることを意味した。ロックは初期統治史と近代イングランド国制の危機の間に大きな溝を残したが、スミスはこの溝を埋めねばならなかった。さらにまた、ロックは経済の勃興こそ統治を最終的に腐敗させたと示唆したので、スミスは特にこの仮説に対する回答を見つけねばならなかった。その結果は、商業は自由と法を掘り崩したのではなく、実はそれらを創出したという、有名な理論であった。この意味でロックに対するスミスの答えはルソーにも答えている。本書の後半部で私は、その主たる諸側面を考察しようと思う。

注

（1）Smith, "Letter," p. 250.『アダム・スミス哲学論文集』水田洋・須藤壬章・只腰親和・藤江効子・山崎怜・篠原久訳、名古屋大学出版会、一九九三年、三二八頁。
（2）Ibid., p. 251.『アダム・スミス哲学論文集』三二八頁。
（3）Jean-Jacques Rousseau, "Second Discourse," in *The Discourses and Other Early Political Writings*, ed. V. Gourevitch (Cambridge: Cambridge University Press, 1997), p. 175. ルソー『人間不平等起源論』本田喜代治・平岡昇訳、岩波文庫、一九七二年、一一〇頁。
（4）Ibid., p. 176. ルソー『人間不平等起源論』一一〇頁。
（5）Adam Smith, *Lectures on Jurisprudence*, in *The Glasgow Edition of the Works and Correspondence of Adam Smith*, ed. R. L. Meek, D. D. Raphael, and P. G. Stein (Oxford: Oxford University Press, 1978), p. 314. スミス『アダム・スミス法学講義　一七六二〜一七六三』アダム・スミスの会監修、水田洋・篠原久・只腰親和・前田俊文訳、名古屋大学出版会、二〇一二年、三三五頁。
（6）Ibid., p. 314.『アダム・スミス法学講義　一七六二〜一七六三』三三五頁。
（7）Hume, *Treatise of Human Nature*, T.3.2.7-10; SBN 534-67. ヒューム『人間本性論　第三巻　道徳について』伊勢俊彦・石川徹・中釜浩一訳、法政大学出版局、二〇一二年、九二〜一一六頁。Hume, "Of the Original Contract," in *Essays Moral, Political and Literary*, ed. E. F. Miller (Indianapolis: Liberty Fund, 1987). ヒューム「原始契約について」、『道徳・政治・文学論集［完訳

版〕」田中敏弘訳、名古屋大学出版会、二〇一一年、三七五〜九二頁。ヒューム『政治論集』田中秀夫訳、京都大学学術出版会、二〇一〇年、三一七〜四六頁。

（8）Smith, *Lectures on Jurisprudence*, pp. 315-7, 402.『アダム・スミス 法学講義 一七六二〜一七六三』三三七〜九、三三五頁。ホントはスミスがロックの契約理論に対してヒュームの議論を用いたことを以下で論じている。"Adam Smith's History of Law and Government as Political Theory," in *Political Judgment: Essays for John Dunn*, ed. R. Bourke and R. Geuss (Cambridge: Cambridge University Press, 2009), pp. 138-40.

（9）Hume, *Enquiry concerning the Principles of Morals*, 3.1-7; SBN 183-86. ヒューム『道徳原理の研究』渡部峻明訳、晢書房、一九九三年、一九〜二二頁。

（10）ホントは次のくだりでフランスのジャンセニストを論じている。"Jealousy of Trade: An Introduction," in *Jealousy of Trade*, pp. 46-51. ホント「貿易の嫉妬——序文」田中秀夫訳、『貿易の嫉妬——国際競争と国民国家の歴史的展望』田中秀夫監訳、昭和堂、二〇〇九年、三六〜七頁。

（11）Hume, "Of the Origin of Government," in Miller ed, *Essays Moral*, p. 40. ヒューム「統治の起源について」、『道徳・政治・文学論集〔完訳版〕』三二頁。

（12）Smith, *TMS*, VII.iv.37. スミス『道徳感情論』水田洋訳、岩波文庫、下巻、二〇〇三年、四〇〇頁。

（13）Hume, *Treatise of Human Nature*, 3.1.27; SBN 469-70. ヒューム『人間本性論 第三巻 道徳について』一二三頁。

（14）Rousseau, "Essay on the Origin of Language", in Gourevitch, *Discourse and Other Early Political Writings*, pp. 271-2. ルソー『言語起源論』小林善彦訳、現代思潮社、一九七〇年、七五頁。

（15）Ibid., p. 272. ルソー『言語起源論』七六頁。

（16）Ibid., p. 279. ルソー『言語起源論』九二頁。

（17）Ibid., p. 272. ルソー『言語起源論』七六頁。

（18）Ibid. ルソー『言語起源論』七五頁。

（19）Rousseau, "Second Discourse," p. 182. ルソー『人間不平等起源論』一一一頁。

（20）ホントがロックの統治権力の生成史について論じたものとして次を参照。"Adam Smith's History of Law and Government," pp. 142-5.

第四章 統治の歴史——共和国、不平等、革命？

4 Histories of Government

Republics, Inequality, and Revolution?

【68】私は第三章を、ルソーがロックを非常に念入りに読んで彼から借りた結果、スミスとは食い違う議論をするに至ったという、むしろ驚くべき事実を述べて結んだ。私たちはふつうロックの政治学は一八世紀にはほとんど影響を及ぼさず、ブリテン国外ではさらに影響が小さかったと教わっている。ところが、ルソーのなかに明確な受容と影響が見出せるのである。ヒュームはロックの契約理論がヨーロッパに与えた刻印はあるとしても微小だと論じたし、むろんロック自身は同じように、フィルマーの考えは彼が本に記すまでヨーロッパでは前代未聞のものだったと論じた。しかし、ルソーはフィルマーの家父長的政治学に対する自身の反対を力説し、フィルマーに対してロックとシドニーを引合いに出したし、ヒュームとスミスがイングランドにおける俗流ウィッグ主義と党派イデオロギーの勃興に関連づけたこれら二人も引合いに出した。ある点で、ルソーは一七世紀イングランドの論争のなかのある要素を一八世紀半ばにおけるヨーロッパの政治的言論にもちこんだ。いま私たちは、ロックをホッブズの敵と見るように教わり、また彼の政治的義務の理論は基本的にキリスト教的な政治学的存在論に根をもつと理解する限りでのみ妥当とみなせると教わっている。ルソーがロックの考えとホッブズの考えを同時に機能させるという両立可能性はないと理解していたか、まったく不明である。ルソーは抵抗権論者ではないので、ロックが抵抗権の論拠を神学に見出したことは、彼にはおそらくさほど重要ではなかった。

【69】いずれにせよ、なぜルソーが父権的政治学を頭から拒否しようと思ったかの理由はいろいろと見出せる。彼がロックから借用した分野は、主に所有理論である。彼はロックから労働混入財産理論 labor-mixing theory of property を借用した。ヒュームとスミスは同説が学術的にまやかしで、第一占有者が所有を獲得するという通説をローマ法の財産取得論で巧みに代えたものだとして否定した。第一占有者理論には実際欠点があったが、ロックによる所有の労働混入理論への転換も解決をもたらさなかった。にもかかわらず、それは最初の統治勃興の歴史と理論を出来事が起こった順に綴る試みにおいてルソーを大いに助けた。そのおかげで彼はまず所有が生まれ、そのあ

と契約によって統治が生み出されたと論じることができた。後にこのルソー的用語法が経済学 political economy の諸問題に関わる諸側面について論じたい。ここで関心を向けるのは、所有第一、統治第二の配置、つまりルソーの中心目的にかなう順序である。

物事の配列のこの順序は、多くの点で自然法学の伝統において標準的なもので、ルソーはこの点でロックだけでなくプーフェンドルフにも依拠している。しかし、スミスはこの伝統と袂を分かった。一七六〇年代前半にグラスゴウ大学で行われたスミスの自然法学講義の学生ノートが二組ある。それらはほぼ同じ内容で、スミスは講義でガーショム・カーマイケルとフランシス・ハチスンという二人の先任者から受け継いだ自然法学の教えの構造を目に見える形でなお引き継いでいる。この二人はともに原典 Urtext としてプーフェンドルフを用いた。ところが子細に検討してみると、二組の講義はある重要点で異なる配列に従っていることがわかる。スミスが行なった講義コース最終年である一七六三〜六四年に、彼はコースの中核部分の順序を改定した。まず所有権の本質と起源を考察することから始め、次に家族法の検討をし、最後に政治学と統治の問題にたどり着くことを取りやめ、まず統治の起源から始め、その後にようやく所有権の問題に移るようにしたのである。彼は近代の自然法学の用語からローマ市民法の配列の順序に、つまりプーフェンドルフからユスティニアヌスに戻りたかったと説明している。講義のなかでスミスはこう述べた。

> 市民法学者たちはまず統治を考察してから所有権ほかの権利を取り扱う。この問題について書いた他の人は、後者から始め、次に家族と市民政府を考察している。それぞれの手法にいくつかの固有の利点がある。【70】もっとも、市民法から始める方が概して好ましかろう。(1)

　自然法学の講述順序はその説明内容の一面にすぎない。例えば、ルソーは法の歴史を教科書に見られる所有 - 家族 - 国家という純粋に論理的な順序ではなく、家族 - 所有 - 国家という順序にした。そしてこれが問題となる。彼の順序問題は、所有と国家が同時に生まれたと想像しなければならないというホッブズの考え方に難点を見出したことに関連している。この用語法は、ルソーがモンテスキューの近代君主政の理論を掘り崩したかった以上、脱構築されねばならない。既述のとおり、『人間不平等起源論』の目的はそれであった。ルソーもスミスも共和国 republic、合法的国家、または**国家** *res publica* の理論家であった。そして彼らは共和国によってただ集合的な統治、または委任による統治を意味したのではなく、人ではなく法による統治である限り、一者、少数者、多数者の、どの形態による統治も共和国だとした。ルソーは『社会契約論』で、**都市** *civitas* は確固として**共和国** *res publica* であり続ける限りは君主政でありうる、と注意深く力説した。同じくスミスはときに君主政の共和国について語ったが、当時の大半の書き手もそうしていた。モンテスキューが共和国と君主国を**国家** *res publica* の二類型として区分したのはやや違った分類方式に基づくものだった。彼にとって君主政とは一者が支配する法に従う体制以上の何かを意味していた。彼は君主政を不平等に基づく**国家**と定義している。ルソーの狙いは、この**国家**の概念を打ち壊して不平等に基づく**国家**は必然的に専制主義に至り着き、かつて共和国で始まるか、あるいは民主国で始まった場合にすら、もはや共和国であることをやめると論証することであった。どの国家でも法的平等と社会・経済的不平等の緊張関係は痛手なので、一九世紀には社会問題と呼ばれるようになったが、ルソーの狙いはそれを明るみに出すことであった。ルソーは自身が一八世紀政治学の傑作と呼んだもの——すなわち、社会的結束または少なくとも安定した社会秩序が、自分自身の利益を追求する利己的主体の活動から創出されうるのであって、そのことは、この活動のおかげで意図せずに、それにもかかわらず共通善に貢献するのだという思想——を批判した。ルソー時代のこの「政治学の傑作」の最も有名な主張はモンテスキューの【71】近代君主政の理論であった。ルソーによると、こういう方式は結局のところ法の支配と両立できなくなる。社会・経済的不平等は国家の権威——すなわち正統性——を不安定化させるばかりである。

ルソーは『人間不平等起源論』の第一部で、自然状態に関するホッブズの理論的な観念を人類発展の初期段階についての推測的歴史へと転換した。しかし、同書第二部の統治史は、こういうむしろ弱めの意味においてさえ歴史的なものではない。そこで、彼はある形態の統治から別のそれに至る腐敗の発展モデルを提出した。描かれる基本線は、合法な統治は国内の全員による法的契約を通してのみ、平等かつ自発的に、形成できるというものである。続いて、彼は契約当事者が経済的に不平等なら彼らの法的平等も崩壊するだろうということを論証した。不平等の発生についてのルソーの議論の流れの軸をきわめて簡潔に要約するのは難しい。というのは、いくつかの推測的歴史を交わらせているからである。本質的に経済に基づく歴史ではない自尊心と言語の歴史があり、基本的に奢侈の推測的歴史である北方の気候での経済的互助の歴史がある（もっとも、急いでつけ加えて述べるべきだが、『人間不平等起源論』の本文において——すなわち、注を除く本文で——ルソーは「奢侈」という語を疫病のように使うのは避けている。実際「奢侈」の語は本文には一度も出てこない）。ルソーの推定では、人々はいったん相互比較の自惚れによって認知のゲームで心理的競争者になってしまうと、互いに苛立ちを覚えるようになった。正義と処罰が必要になったが、しかし法が生まれるまでは判事が存在するわけもない。こうして、個人が適切と思った、あるいは体格や勇気からは可能だったような、処罰は下されなかった。この状態は個々人がばらばらの社会単位である間のみ続きえた。一度、経済的互助の社会が勃興し、人々が自給の能力を失うと、法的個人主義は経済的個人主義がすでに進んでいた道を進むしかなかった。これらの体系はともに社会化されねばならなかった。ルソーは再び二つの方向に議論を進める。一つは新たな必要の浮上で、これは部分的に自尊心の物語の再論だが、今度は経済発展の拍車としての役割のためである。この点は第五章と第六章で経済学 political economy のコンテクストにおいて論じよう。もう一つの方向の議論とは、半ば法的、半ば経済的な言説で、長らく所有していた土地の【72】土地財産への転換についてのものである。この転換は不平等の先鋭化を生み、それによってますます争いと暴力に向かう力が生まれ、このため戦争状態または無秩序を招いた。そしてこの無秩序から逃れるために法を求めるしかなくなった。ルソーは**誰を利するのか** *Cui bono*?と問う。これでいちばん利益を得たのは誰か。むろん金持ちであって、彼らは貧民を騙して暴力の抑止が彼らの利益にもかなうと信じこませた。

貧民は法的平等のために売られたが、それはまごうかたなき事実であり、規制なき私有財産制にそれを押しつけることの帰結は理解されていなかった。『人間不平等起源論』でのルソーの理論的統治史にとってこの物語の最重要点は、統治成立前の無政府状態のなかでは、このことを強者による弱者の支配ととらえると有益だという観念を退けることであった。すべての無法状態ではいつもそれが本当だったと彼は言う。統治以前の無政府状態は、むしろ「富者」と「貧者」という二つの基本的社会階級の争いとして特徴づけなければならなかった。所有ではなく法のみに関わるような社会契約についてのルソーの主張点は、初期統治の創設期の特徴としてこれら二階級の存在を法が保存したということにあった。初期統治の形態は支配的な社会的前提、自然的権威次第となった。指導的人物は人々が彼らの働きから利益を引き出そうと欲したから選ばれたのだとルソーは想定した。社会的力学の法則については、ロックが権威の自然史で示したように、指導者、為政者、将軍は自分たちが経済的に有利になるよう地位を用い、やがて自らの地位を恒久化、つまり世襲化したとルソーは想定した。人々は階層秩序に入りこみたかったのでそれを受け入れたが、最低の地位にはなりたくなかった。彼らが主人を受け入れたのは、他人の主人になれるためであった。

ルソーはここから始めて、虚偽の名誉の原理で治められる不平等の体系としてモンテスキューの君主政の誕生を赤裸々に跡づけ、この体系は自尊心の浸透力ある文化で育ち、この文化はすべての不平等を経済的不平等に転換し、この経済的不平等はまた、富と奢侈で測られる地位の違いで表現される、とした。ルソーはきわめて修辞的な言葉で、一八世紀における国家の腐敗、常備軍の勃興を【73】各種の不動産、帝国主義、奢侈、空虚な礼節がつり合うか混ざり合う統治に基礎を置く国家と一括りにした。言い換えると、君主国の統治原理が名誉と虚偽の名誉から恐怖と無気力へとますます転換して、君主国が漸次的に専制的になる必然的な様を描いたのである。モンテスキュー自身が専制を描くとき強調したように、これは恐怖、無力、道徳的堕落という点でのある種の平等に必ず向かうのである。ルソーは、このような国家は最後には暴力による抵抗と革命を招き、それによってまた法的地位、統治形態、および認知を求める競争の文化で煽られた根底的な社会的不平等との間で、ますます緊張を高める循環が再び始まりかねない、と予言した。

ルソーは『人間不平等起源論』を自尊心についての文化的だが政治的でもある主張で結ぶ。ルソーは、徳の同志partisans of virtueを戸惑わせるような確固不動さで、腐敗した人々は今後永久に改革されることはありえないと述べる。原理、文化、背後の不平等な経済的組織が変わらない限り、国家が改革されても一人一人はなお社会的に形づくられた自己を変える心理的能力をもたないであろう。被造物は社会によって病理学的に形づくられて社会の外に立てず、反復される弁証法で基本特質を再生産するのみである。ルソーから見ると、革命は根本的に無益で損傷を生む現象、つまり再生ではなく再発である。

ルソーの『社会契約論』は、契約による法文化の確立が富者と貧者の間の闘争に立脚するのではなく、適度に平等主義的に社会・経済的形成物に根ざした法の支配がある場合は、上述の文化をいかにまぬがれるかを示した。この国家は君主政による統治をとるのも可能で、民主政であるべしと決まってはいないが、しかし不平等と、名誉および虚偽の名誉の文化とに基づくモンテスキューの意味での君主政ではありえない。同書は『人間不平等起源論』と同じくらいモンテスキューに依拠している。それは共和国の原理は愛国主義、つまり祖国愛で、これは自己の抑圧――より正確には利己的な自己の抑圧――を含意するというモンテスキューの思想を修正し詳解する試みであった。この疑似アウグスティヌス主義的な言明は一八世紀には攻撃を招く。君主国の臣民は自分に徳がないことを認めることはできないが、それと同じように、共和国の市民は地上的幸福から閉め出されることに憤慨する。自我の抑圧というこの考えは、人間の自我は自然的に共和主義者になるように手配されてなどいないとの見方を示唆した。ルソーは【74】モンテスキューと同じく昔風の意味の楽観派で、言い換えると、私たちがもてるものとしては最良または最適で、根本的な改善は不可能だという意味で人間本性自体を認めていた。事実、これが人間をあるがままにとらえるという『社会契約論』冒頭の声明の意味であった。ルソーが打ち出そうとした主張は、人々が永続的に自我を抑えることがいかに可能かという問題をモンテスキューは解決しなかったというものである（「トログロデュテスの物語」が言いたいのは、人々がしまいには自我を抑えることに飽きてしまって、代わりにモンテスキューの君主政を選ぶだろうということである）。モンテスキューの共和主義文化のモデルは個人主義的すぎるので、ルソーは共和主義文化が**共通の私** *moi commun* または集合的な「私」をとおして個々人の自我を制御する集団的な力を生み出せなければならないことを示そうとした。彼はこの考え方によって、ホッブズの国家法人論、すなわちただの多数者ではなく共通の私としての人民という考え方に戻ることになる。要点は『人間不平等起源論』が描く統治史、すなわち第二段階、為政者支配が生まれて、それが君主政になるという歴史は阻止されるべきだということだからである。統治のような執行権は存続期間が短いこともありうるが、立法権つまり主権は譲渡されえない。

だからこそ『社会契約論』はホッブズの国家を代表主権という彼の思いつきなしに再創成させる試みとして叙述できるのである。ここでルソーは難題に向きあっている。ホッブズは和合理論を打ち立てようと思えば前政治的または自然的な社交性が必要になることを示したが、ルソーにはそういうものはないので和合理論を使うはずがない。では代表という法的理論を通じてのみ結合理論は創れるのだというホッブズの考えなしに、ルソーはいかにそれを創り出せたのか。ルソーは全ウェイトを文化、すなわちモンテスキューがすでに示していたように集合性をとおして——多数者ではなく個々人だが一人民として同胞をなす諸個人によって——自尊心をうまく抑える、または手綱をつける可能性に置いた。こうするには統合体なき代議制、主権の譲渡なき代議制の理論ばかりか、奢侈に取って代わる経済理論を考え出さねばならなかった。重農学派はあるとき『社会契約論』を読むと、ルソーが旅の伴侶、ある種の名誉重農学派に思えたので、同派の創始者の一人ミラボー侯爵は政治理論の趣味がよいとしてこのジュネーヴ人に賛辞の手紙を送った。ルソーは憤慨した。重農学派は法的専制、すなわち法による、法のみによる専制を説いたので、ルソーとは考えが合わなかった。彼らは純粋な法の支配を夢想していた。人ではなく法が全面的に実現した体制である。これは【75】丸を四角にしようと夢見るようなものだとルソーは評している。それはあらかじめ失敗を定められている。きわめて特殊な型の法的専制君主に個人として法の支配を体現するよう求めることもまた誤りであり、概念上の撞着である。支配者はアダムの子孫、堕罪した人間たらざるをえず、抑え込まれるべき自我を備えもっている。しかし誰かに権力を付与することは、堕罪した自我を抑え込む最良の仕方ではない。権力は必ず腐敗するし、絶対的権力ならなおそうである。この手の**共通の私**は純粋な法文化の束で、ルソーはそれに一般意思という名を与えた。一般意思は一つの人格ではないので真の人的な**私** *moi* ではないことに注意を要する。ルソーは自分の胸中にあるものを叙述する適切な言語表現を見出しそこねた。彼は自分をきわめてうまく説明することには失敗したと思われる。そしてもちろん、私たちはまだそれを表す言葉をもたない。国家理論はなお混乱のなかにある。ただ本書は特にこの問題を追及する機会でも場所でもない。むしろ私は、今や私の比較展望の次の段階を展開するためにスミスに目を転じるつもりである(2)。

モンテスキューは歴史に重心を置いた理論家である。ルソーはこのボルドーの貴族がホッブズ型の分析的理論家であるかのように彼に反応している。スミスはそうしなかった。彼はモンテスキューから、純粋自然法学、すなわち分析的政治・法理論は、こうした純粋モデルがなぜ一度も実現しなかったかの考究を、政治の航跡のなかで現実の状況から生じえた歪みを研究することで補わねばならないということを学んだ。しかしスミスの歴史には政治的に別の色合があった。モンテスキューにとって政治理論を歴史として書くことには、革命を防止する意味があった（ドイツ人は**歴史主義** *Historismus* を「創案した」とき彼の発想を継承した）。ルソーもスミスも革命や革命家にモンテスキューと同じく食傷していたが、貴族政と封建遺制の問題に対する彼のフランス的対策を退けた。彼らはそれを無視し棄却した。実を言うと、彼らの同時代人や直後の人たちはまさしくこれを理由に彼らの理論に助力を求めて目を向けた。彼らが貴族政にとらわれていなかったからである。これはスミスが共和国に注目し、法や統治の歴史を古代についても近代についても比較的度量のある感覚で書いたということを意味する。共和国 *rei publicae* の歴史を書くことで彼は【76】ルソーがホッブズの自然状態理論について実行したのと同じような歴史化の仕事を、ルソーに即して実行したのである。スミスは統治についてのルソーの理論的論説を歴史的なそれ、より正確には理論的歴史で補った。この結果、三部構成の歴史が生まれる。スミスにはルソーと同様に歴史の段階論で補強した人類の初期段階の歴史、そして二部構成で政治的・法的自由の歴史、または共和国 *rei publicae* の歴史がある。後者の論点が二部からなるのは古代史と近代史に分かれるからからで、それはオックスフォード大学の歴史のカリキュラムとちょうど重なる。古代史の部はギリシアとローマにおける自由の勃興と喪失、その次に西ヨーロッパのゲルマン諸族によるその物理的、精神的な破壊からなる。そうやって近代の部に入ると、スミスは近代の自由の歴史を展開する。それはローマの没落とその後の暗黒時代のあと、ついに取り戻された自由の歴史である。スミスはそこでモンテスキューから読み取ったことを、このフランスの先行者の意図と同じ政治的目的のためではないものの、効果的に用いた。モンテスキューはすでに、近代ヨーロッパが古代から連続しているのでもなければ、ルネサンスを機に古代の自由がたんに復興または再創造されたわけでもないと断定的に述べていた。スミスにとってもモンテスキューにとってもイタリアの共和国はヨーロッパ史の前座にすぎない。スミスの考えでは、近代の自由を真っ先かつ最良の形でつくり出した、または取り戻したのはイングランドで、同国のかなり喧伝された近代的法体制はフィレンツェからの枝分かれ、またはローマのそれの再創出だったのではないか（この後者の考えが例えばジュネーヴに適用されると相対的に妥当であろうように）とは少しも信じていない。彼はむしろ近代ヨーロッパの共和主義が大きな君主政国家で生まれたという複眼的な歴史を書くほかなかった。近代の自由は確かに古代に遡る連続性をもつが、こういう連続性には罠があり、これを明らかにする必要があった。

スミスの著作はルソーの著作と同様に結局は断想的なものにとどまった。それでもルソーの著作が二つの論文〔『学問・技芸論』と『人間不平等起源論』〕、ディドロの『百科全書』所収の経済学についての項目、『言語起源論』、政治制度についてのジュネーヴ草稿、『社会契約論』、コルシカについての試論、ポーランドについての小冊子、その他から再構成できるのとちょうど同じように、スミスが挑んだ法と統治の理論と歴史も、グラスゴウでの法学講義の学生ノート、各種の試論、二冊の大きな【77】公刊書『道徳感情論』と『国富論』から再構成できる。後にスミスがこうした材料の一部を『国富論』で使ったと述べたとき、それはグラスゴウ講義の経済学 political economy の部分のつもりで言っていると受け止められた。彼の意図は、実は構想した本の半分は『国富論』第三篇として公にしたということであった。スミスの第三篇の早期における版を剽窃して採録したものが近代ヨーロッパの絶対主義についての理論的歴史としてウィリアム・ロバートスンの『カール五世の治世史』序文（むろんあらゆる序文と同じく最後に書かれた）となったことを考慮に入れると、第三篇がどんな歴史であったかは容易にわかる。三部史の第一部は第五篇に現れる。古代を扱った部分は未刊に終わり、だからこそスミスが古代統治の歴史と理論を刊行するのではないかという噂が彼の死まで絶えなかったのである。実はこのあたりは彼の講義ノートから再構成できる。三部ともジョン・ミラーがスミスの本をそのまま講義として再現したグラスゴウでの統治論講義の摘要と講義ノートから丸ごと検証できる。事実ミラーは結局三部構成の第一部を『階級区分の起源 *The Origin of Distinction of Ranks*』として公刊した。一八世紀の散文に通じて達人風に語る人間でなくとも、ルソーをモンテスキュー風の語り方に翻案したものはわかる。『階級区分』はミラーの、そしてもちろんもとをただせばスミスの不平等起源論であり、不平等が自然法で合法とされたことがあるのかについての論考である。私はミラーの著作がロバートスンと同じ意味で剽窃だとは思わないが、この全面的にオリジナルではない一篇がどのようにして生まれたのかは、私たちにはわからない。ミラーの文書は家族によって廃棄された。スミスの講義が『国富論』にどの程度再現されているかを彼が知っていたかもまたわからない。

類似性は明白である。だがそのことに対するコメントはほとんどない。ともあれ、スミスが所有の歴史を書かず不平等の歴史として政治的権威の歴史を書いたことははっきりしている。モンテスキューの君主政理論や、ルソーによるモンテスキューに対する共和主義的攻撃との関わりは明白である。一八世紀の偉大な発見が共和主義だと信じるのは誤っている。そうではなく、一八世紀において興味をそそるのは、近代君主国を共和国 *res publica* と見た点である。現在私たちは民主主義的革命の時代と近代の代議制共和国、私たちの近代国家の形について、共和国としての近代君主国が生みだしたものとして語っている。一八世紀の概念的な語彙では【78】近代共和国とは当然に近代君主国であった。スコットランド啓蒙のなかでモンテスキューを最も子細に批判するとともに彼を受け継いだアダム・ファーガスンは明白に宣言したが、危ういのは共和主義の狂信者が近代の共和政的君主国を古代の共和国と混同して、その近代的要素を覆い隠してしまうことである。(3) スミスはこの可能性を阻むことをすでに法と統治の歴史と理論における知的戦略の重要部分としていた。モンテスキューがそれまでにローマについてそう論じていた。ローマが国家形態として経済を基盤に君主政(発展しつつある商業社会というモンテスキュー的な意味での君主政)への転換の道をたどっていたら、半ば共和政、半ば君主政の国家という危うい混交種的存在——すなわち元首政または帝政――は避けることができていたであろう。モンテスキューの著書『ローマ人の偉大さと没落の原因についての考察』がここで鍵を握るテクストである。[*1]これは『法の精神』のもととなった予告編で、今までは一七四八年に彼が同書を『法の精神』の姉妹篇として再刊し、二つの本の併読を薦めていたらしいことは忘れられている（そして実際に併読された。イングランドではトマス・ヌージェント Thomas Nugent が両著を訳している）。実際モンテスキューは世界帝国に関する未刊の一七三五年の小冊子をそこに収録しようと考えたが、この計画はまたもフランスの政的事件で頓挫した。すなわち、七年戦争の前哨戦であったオーストリア継承戦争が混乱のなかで終結し、この結果フランスが威信を得る野望は惨めにも挫かれたことがはっきりした。モンテスキューは征服の精神は商業の精神によって置き換えられるべきだと論じたが、スミスの原史的唯物論 protohistorical materialism――そう言えるとすれば――はまさしくこのあたりから、すなわち商業の精神の起源に関するモンテスキューの分析から生まれた。

すでにふれたが、スミスはロックが『統治論』第二論第八章で着手した非契約論的な統治史に立ち戻った。そこでロックは自然的権威に発する統治が商業の勃興で腐敗し、このため執行権を統御する立法部をもつ適正なる政治体制を革命によって確立せざるをえなくなった経緯を説明していた。この構図のなかでは、体制は立法部の国制作りの活動で始まり、立法する主権が定めた制約内で統治の執行権が発達することになる。【79】スミスはこの論説をその歴史的起源へと差し戻そうとした。革命史ならざる歴史のなかではまず執行権が生まれ、次に司法権が生まれた。別の表現をとるなら、判事が第一、その後に立法権つまり法である。これはルソーが用いたのと反対の順番である。スミスは狩猟採集社会の段階が真の自然状態だと認めた。そこには法もなければ統治もない。しかし社会は分業や愛の祝祭からではなく、戦乱と部族・国民集団の形成によって生まれた。どの個人にも原則として正義はあった。人々は傷つけられると怒り、弾劾、復讐欲といった、個人の心性の基本構造に従った自然な感情全般を抱いた。処罰を下せるだけの物的力がある人は処罰ができた。実際、処罰は共同体的であるが、正義を共同体が組織的に法制化して行なったのではなく、人々または集団の怒りが自ずと爆発して行なわれた。処罰は待伏せや私刑を欲する群集によって行なわれた。これは処罰が恐怖に満ち、めったになかったことを意味する。正義や処罰への要望が増えると、判決を下すような制度が自然的権威から生まれた。このヒューム的物語のなかで、一部の個人が、訴訟に判決を下し権威に基づいて助言する能力をもった。権威ある人物が指導者になり、指導権の必要はまず戦時に生じた。連合的または執行的権力が軍事指導者を生み出し、草創期の司法的機能が彼らに付与された。かくて判事が第一で、法——抽象的原理——は後になって初めて現れた。いかなる形の社会契約もなかった。スミスの指摘では、やはり始まりは革命による立て直しとは異なる序列になっていた。近代または後代の問題は、権力の行使をいかに法制化で和らげるか、いかに権威が力に取って代わるかである。しかしロックがすでに論じていたとおり、もとをただせば第一に権威、それから権力の生成という順であった。組織化された施行能力はかなり後までなかった。難問は権威ある人物がいかにいて安定した権力の源を獲得したかであった。まさしくここにさしかかったとき、スミスは権威の最重要の源として富を方程式に導入した。彼は権威をもっていること——軍事、司法、医療、宗教——が富の源泉であって、その反対ではないと論じた。権威は他人へのサービスの提供に根ざし、サービスには対価が必要である。認知の心理作用も権威ある人物に見た目に裕福であるよう、すなわち見てわかる権威保持者であるよう命じた。保有の不平等は第一に【80】顧客がサービス提供者に贈与をするプロセスに起因し、暴力の結果そうなったわけではない(4)。

不平等が深刻に登場したのは、土地私有制が考え出されたとき（これはかなり後の展開である）ではなく、社会の遊牧ないし牧畜段階の初めであった。動物の私有がその次の大きな一歩であった。そしてこれこそが重大な富の蓄積を可能にした。それが生じると、権威ある人物——主に軍事指導者——は自らの富をとても有利に使えた。スミスはただ富が力だと論じただけではなく、権力自体——安定的権力のこと——が富に由来するとも論じた。富は生計の資をもたぬ人にそれを与える力を生み出した。別言すると、富は依存を生み出しうるので、それが権力の現実的な源泉となった。歴史のなかの遊牧段階に起きた権威と権力のこうした融合が国家の起源であるとスミスは論じた。それは契約による、または平等に根ざすものではなかった。ここで特に注意すべき要点は、歴史の趨勢がとる方向の描き方である。スミスは歴史の長期趨勢が不平等の終わりなき拡大だとは見ていない。むしろ国家はとても大きな、酷いくらい大きな水準の不平等で始まる。近代世界では、初期帝国や遊牧駐屯国 shepherd garrison states を特徴づけたような不平等は想像もできないとスミスは述べる。エジプトのファラオやチンギス・ハーンを考えてみよ。そう、長期趨勢は不平等の縮小だったのだ。『国富論』でスミスがロックやマンデヴィルを受けて、近代の労働者は昔の皇帝、アフリカやアメリカの部族の酋長よりもよい生活を享受していると述べたのは有名である。(5) 彼は権力一般についてもこれとどこか似たことを述べた。それは商業が自由をもたらしたという考えの背後にある鍵概念である。そうなったのは、商業が富の蓄積が始まったころよりも富の平等をもたらしたからである。スミスはヒュームと同じく大変透徹したハリントン主義者であった。両者とも統治形態または体制の型は、根底にある経済力の分配を反映すると思っていた。権力は財産に相伴うが、財産分配は人類史が進むにつれて平等化したのであり、不平等化したのではない。古代の都市国家が法文化の揺籠となったのは、それが【81】最初に遊牧的な生活方式と首長制という遊牧的体制から抜け出して大きな不平等の根を絶ち切ったからである。法の勃興は経済発展の帰結であった。より複雑な経済的生活様式が生まれると、司法サービス、応分的で規則に基づく処罰に対する要望がいや増し、共同体的な仕方での正義の提供を取りやめることがますます必要になった。個人判事の数が増えたり、判事が個人制であること自体が彼らの活動を制御するようにという要望を浮上させたが、この用務を管理する必要こそ、法と立法を導入するという考えの背景に横たわるものであった。法は多すぎる正義の個々の担い手がもたらす非集約的または広く散らばる正義の体系に対して、共同体としての制御を保つ道具であった。正義がただ個々の判事の善意次第なら法曹界は生まれようがなかったかもしれない。司法活動の規則化、この畏怖される公判の権力を規則化することが法の興隆の背景をなし、それはこうしたサービスに多大な要望があるときにのみ、また富の不平等が生み出した依存関係が、権威に対して厳しく権力を行使することで、司法の規則化を推進する動きを無化する可能性がないときにのみ起こりうるのであった。スミスが強調するところでは、ギリシア人は長らく規則に基づく共同体的な正義の体系を発達させるよう努めていた。人々は不正を防ごうと集まり、それがまた彼らに跳ね返った。これが民会の起源であり、政治でも自由のイデオロギー的な夢そのものでもなかった〔民会は法的組織として生まれたの意〕。共同体的な正義を軍事で用いる可能性はつねにあった。しかし、その政治的使用は、いわば、後にようやく現れた。スミスにとって明らかに古代のポリスまたは**都市** *civitas* は司法サービスが必要なのでそれを発達させた都会的商業社会であった。民主主義と法は道徳的想像力の発案ではなく、高度に専門的で新しい都会風の生活の完全に論理的で正規の帰結であった。お望みなら、これをギリシア民主主義の起源についての経済的解釈だと言ってもよい。

それが目指していた方向を理解するのはたやすい。いまや古代の**法治国家** *Rechtsstaat* またはおそらくたんに**法** *Recht* の体系の物的な条件が整うようになったので、ヨーロッパでは自由の再興が可能になった。ヨーロッパがひとたびアテナイの水準の商業文明と都市化に達すると、そこには法の支配がありえた。当然ながら、これは市民的自由である。ただ注意すべきは、スミスにとって古代的自由も市民的自由で、それは同胞やその訴訟と判決から個人を法的に保護するものである。この方式における政治的【82】自由には、自分の利益を追求して国家を使えるほど有力で権力のある人物の侵害から個人の権利を守ることが含まれていた。こうした腐敗こそ、ルソーが『人間不平等起源論』でかなり強調的にモデル化したものである。このような商業社会の、したがって法の再建がヨーロッパでいかに生じたかが『国富論』第三篇で描かれている。これは第五章で論じたい。だがまず古代共和国の運命を見よう。

純粋な段階論では、正しい発展を実現していたのは古代人である。近代の視点からは、古代の商業社会が奴隷制だと反論でき、そうすれば法文化の勃興がいかに奴隷制なしにありえて、働く市民に基盤を置くモデルに取り替えられるかを論証するよう促すことになろう。結果的にはそうなったが、しかし連続的で切れ目のない発展の一部としてそうなったわけではなかった。どんな学童もかつて知っており、おそらくいまも知っているが、ヨーロッパの古代世界はゴート人による大量殺戮で消滅し物理的に滅亡した。なぜそうなったのか。実は初めての説明は、いわば大局的説明として段階論を使うことで非常に簡単になされた。ギリシアとローマは発展の前衛、アジアとヨーロッパの遊牧世界という海のなかの進歩の小島であった。それは遊牧民を自分たちの生活様式に転換させず、遊牧民の方こそが最終的に支配的になった。遊牧民とは、発展や成長は征服による獲得だとみなす軍事的な民であった。古代の法文化は軍事権力や戦争によって滅亡した。スミスはこれを魅力的な問題だと考えた。数の、すなわち人口動態の不つり合いが決定的要因だったとはいえ、それのみで死滅したわけではない。人々はシベリアで警戒すべき率で増えたので西に追いやられ、最後にはローマにあふれた。ギリシアとその後のローマは東方帝国によっても脅かされ、ローマの東半は結局アラブ人やトルコ人というイスラム遊牧社会に屈した。

スミスが関心を寄せたのは商業社会における軍事的能力の喪失で、これはギリシアでも、またローマでも最終的には見られた。ギリシア人やローマ人は豊かなのでいつも攻撃の標的にされたが、富は発展という果実も与えた（これは技術進歩と資源全般を指す）。彼らはなぜ自分たちの生存を安泰にするための軍事的対策をとれなかったのか。スミスはここに近代人にとっても他人事ではない機構上の問題を見出したのである。彼は考えている論理の道筋を敷衍して、商業社会は商業性に見合った自衛法と交戦法一般を発達させない限り生き残れないとした。【83】彼は解決の鍵を職業的常備軍の保有に絞った。ギリシアとローマの共和国軍の問題点は、民兵が遊牧的軍隊だという点にあった（民兵とは遊牧的な様式の軍事結社である）。それは当初、ギリシアやローマの都市共和国が低開発文明に優越したから勝てた。ところが経済発展でそういう社会の構造が変わったのだから、本当は軍隊をいじる必要があった。モンテスキューがすでにこの議論を一般的な表現で語っていた。スミスはこの分析をとりわけ軍事的社会組織論へと展開した。はじめ経済が発展し、正義や国家が発展したことでギリシア、ローマの民兵が遊牧帝国の軍隊に勝てたのは、平等を基盤とした民兵制が、ただの不平等ではなく極端なそれを基盤とする民兵制よりも優れていたからである。ところが商業社会は、さらに発展するにつれてますます不平等な社会になり、しかもそれは遊牧的不平等ではなく新種の商業的不平等だったのである。これがギリシア、ローマ民兵の平等主義的土台を揺さぶった。これらの国々は経済発展で法文化や平等を生み出して強くなったが、やはり経済発展がそれらを元の木阿弥にした。平等が崩れて自衛力が揺らいだからである。彼らが交戦法を商業社会的なものに変更しない限り、すなわち職業的常備軍を活用しない限り、そうなる。あまり難しくならないようにこれに付言すると、彼は明らかに近代人にこの過ちを繰り返すな、と言いたいのだ。

スミスは古代的な自由の喪失を論じるとき、ルネサンスや一七世紀の共和主義の言説を自らの目的のために自由に用いている。はっきり言うと、彼の典拠はマキアヴェッリとジェイムズ・ハリントンである。彼はマキアヴェッリの『ディスコルシ』〔『リウィウス論』または『ローマ史論』〕第二巻の章、ハリントンによるその再構成を引いて、共和国の安全保障問題には二つの解決法があると述べる[6]。自衛的になるか、他国を征服するかである。すなわち「現状維持」か、それとも「拡大」する共和国あるいはコモンウェルスになるかである。アテナイは第一の、ローマは第二の原型であった。

マキアヴェッリは自衛的な国家よりもローマのように領土を拡張する国家を好むと述べた。彼は前者の例はエトルリア人の連邦だと見ている。スミスはこの分類も【84】それに基づく選択も無益とみなした。ギリシアの崩壊に比べてローマの没落には全経過にかかった時間が長かったとしても、いずれの型の古代国家も消滅した。スミスの元来の関心は、純粋に自衛的な共和国は主として軍事技術の変化が不可避なために成立しないということを示す点にあった。共和国の物的な面での起源は、要塞都市なら遊牧国軍からの攻撃に耐え抜けるだろうと考えたことにあった（ここでロックの労働による財産獲得理論にはふれていない。こうした経済的歴史解釈はしていないからである）。ところがやがて軍事的主導権は攻撃者側に移るようになり、要塞化も支柱となるほどの目立った軍事的重要性は失ってしまう。スミスは何度も繰り返して説明しているが、より重要なのは経済発展と戦乱が両立できないことである。都市を核とした政治的形成物としての共和国は発達した経済的形成物であり、各種の技芸や商業の発展を促した。人々はこうした職業に専念することで交戦から遠ざかる。しかし経済発展をやめることは都市を基盤とする共和国が選ぶ道ではない。スパルタはそうできたが、同国は実は商業的共和国ではなかった。スミスは古代共和国の寿命を奴隷制の用い方から説明している。経済発展、商業、技芸は奴隷によって進展した。おかげで共和国市民は民兵となってとても長い期間戦争ができた。

スミスによると、共和国が自衛的になるか外征的になるかについてあらかじめ定まった原因などない。マキアヴェッリが『ディスコルシ』で指摘しているが、どちらに転ぶかの問題は市民権獲得政策が排他的か融和的かで決まる。制約的、排他的な市民権政策をとると自衛的共和国に、融和的政策なら拡張的共和国になる。ところが結局は外征的共和国の宿命は自衛的なそれと同じになった。スミスによると、マキアヴェッリがローマの方をとる理由は、人民の繁栄のために、共和国の**偉大さ** *grandezza* のために富を獲得するのは拡張的帝国の方がはるかに容易だからだが、これはまるで無意味である。この形で富を外から獲得するのは遊牧国家の特徴だと彼はみなす。しかしローマの経済機構において生じた転換には、征服による戦利品で豊かになったことよりもはるかに深い意味があった。結果的に、ローマが追い求めたような軍事的偉大は、ギリシアの軍事政策とまったく同じく、商業や工芸と両立しなくなったのである。スミスがローマの元首政を論ずる狙いは、モンテスキューにとってと同じく【85】征服という戦略が共和国の国内政治体制にもたらす反作用を究明することであった。

ローマの崩壊が何世紀も先延ばしになったのは、先制的に戦争をしかけて安全保障問題を解消してしまう戦略が奏功したからである。遊牧国家は征服国家である。それゆえ適切な防衛方針は、自分らしく反応して外征的共和国になることである。征服戦略は共和国内での軍の比重を巨大なものにしたが、この軍事的支配の政治的コストは莫大であった。ローマはそれを負ったがゆえに再び陰りがさし始めて、共和政以前の本質的に遊牧的な政治形態、すなわち軍事政権に戻ってしまった。スミスはこれを内側からの征服による共和主義的政治の転換として描き出した。つまり共和国は自らの軍隊によって征服されたというのである。ローマは半ば君主政にして半ば共和政の軍事政府になり果てる。政治面でのこうした軍事化にもかかわらず、帝政ローマとアジアの軍事政府にはなお大差があると彼は言う。ローマは共和国の市民政府を継承、維持し、実際さらに発展もさせた共和政後の軍事国家であった。その軍事的専制、アジア型遊牧国家への混乱含みの逆戻りは、共和主義的な市民法の厳密な体制と共存していた。商工業を基盤とする国内の共和主義的な私人の世界 private sphere という土台と、遊牧 - 軍事的な上部構造が結合されていた。この共和主義的な私人の世界によってローマは軍事的に弱体化する。国家を安泰にしたければ、本来は分業に根ざす職業的軍隊が必要だった。遊牧地域からの傭兵的民兵に防衛を外注するという実際にローマがとった解決策は惨憺たるものであった。おかげで遊牧民がその主人（支配者）に立てつくや、ローマは無防衛状態に置き去りにされた。

奢侈こそが市民の特質と戦闘の武勇を台無しにしてローマを滅ぼしたというのが、ルネサンス期共和主義の言説における中心的教説であった。明らかにこれは一種の経済的歴史解釈である。スミスがこれに賛同したのかというと、賛同はしたが但書きをつけた。彼は『修辞学講義』で歴史の説明はどこまでも現在から振り返って行なうべきではないと学生に教えながら、ローマが奢侈で滅んだと明言している。歴史の説明は広く妥当性が認められた基本線に沿って終えなければならない。ローマが奢侈で没落したという考え方は一見して反論不能の真実だと一般にみなされていたので、それを同国の崩壊を説明する基軸として用いることは考えられた。スミスはこの命題が誤りだと言おうと思えば言えただろうが、実際にはそうしていない。【86】古代共和国の崩壊についての彼の説明は、奢侈こそが古典期の共和政治を掘り崩したとの見方の一種に相当する。

これは重要な点だが、その理由はルソーとスミスの奢侈論の比較を可能ならしめるからというにとどまらない。スミスが政治の経済的基盤を重視したのは四段階論の法学的性質に由来すると論じられることも多い。しかし、スミスによるヨーロッパの法と統治の歴史はたんに法学的なわけでもないし、主として法学的だとも言えない。古代共和国の軌跡についての彼の経済的説明は政治を共和主義的に分析する試行に従ったもので、奢侈の帰結を重視することはそれに含まれるのである。彼が近代政治について従来の共和主義の議論に逆らう結論にたどり着いたとしても、それはただシヴィック・ヒューマニズムよりも法学を好むからだとは言えない。むしろ共和主義的な政治分析を近代的な政治学に作り変えたわけで、彼が自然法学を理論的歴史に作り変えたのとちょうど同じ程度にそうしたのである。彼は二つを分離したり、一方の論究を他方に入れ替えたりせずに、むしろ二つを結合したのだ。富と奢侈が政治と法を支配するという見方はどちらにも見られる。スミスは新たな近代共和主義的な語り方のなかで二つの先行的論究が互いを強めあうような語り方を生み出したのである。この語り方が近代的な意味では必ずしも自由主義的でないとしても、それはこの語の本来の意味を帯びている。

このことは、ヨーロッパの法と統治についてのスミスの歴史の近代の部を考慮に入れるといよいよ明らかになる。これは『国富論』第三篇として仕上がったので比較的著名な箇所である。ここでの物語は古代の部とは違う。ゴート系の遊牧民はヨーロッパを席巻したあとローマ帝国の旧属領に住みついたが、それは後に中世になると王国をなす大きな単位の領土であった。ゲルマン人は遊牧民政治を代表した。彼らは一度ヨーロッパに定住すると封建制を生み出した。それは遊牧的な軍事統治を草創期の農耕段階に押しつけ、十分定まった部族と国民の境界の内側に人民がずっと定住することを基盤に成りたつ異種混交的な政体である。封建的統治の基盤は都市ではなく散らばって住む人民である。散住共同体では政治的意思疎通の新たな方式を作り出す必要があった。これが古代と異なる近代の統治を引っ張っていく様式としての代議制の起源である。

ゲルマン諸部族がローマの軍事帝国を滅ぼしたとき、古代の政治的共和主義は跡形もなくなる。スミスが初期近代ヨーロッパ史では中世の町が重要だと語るときに気づいておくことがきわめて重大な点がある。それを政治面で【87】古代都市国家と並列していないこと、および都市国家政治の論理と制度をヨーロッパの発展の主な情景をなす広大な領域王国に単純に移すことが可能だったとは考えていないことである。スミスは共和主義をとったルネサンスの都市国家という遺産を隅々まで知っていた。それでもなお彼は、ルネサンス期イタリアの小共和国、その他スイスやオランダなどヨーロッパにおけるいくつかの孤立した共和主義の発展例は、近代の自由の勃興を説明する鍵を握らないと述べている。彼の目には、これらの共和国は封建的な初期近代ヨーロッパにおいて孤立的に発生したものなのである。イタリアの共和主義的都市国家は、同地には封建的統一政府がなかったから誕生した。ローマ帝国期から生き残った要塞的都市は城内の市民的自由を守ったうえに、統治されない田舎に住む封建貴族に対して防衛する軍事的な優越も享受した。最終的に町々は周辺の田園を征服して小共和国となる。田舎の貴族が町に転居すると、都市を中心とした政治体制が出現した。

ヨーロッパの進歩にとって都市共和国が有名で重要になった理由は政治のみにあるのではなく、莫大な富を蓄積してヨーロッパの政治的指導者になったことにもあるとスミスは論じる。彼は都市共和国が経済発展の点でヨーロッパの他の地域に対してその後まるまる二世紀進んでいたと主張している。これが都市の**偉大さ**の現実的基盤であった。しかし、その富はたんに自然的な社会的・経済的成長や政治的優越の結果ではない。さまざまな要因が寄り集まった果てにそうなったのである。一つには地理的要因がある。イタリアは東洋と西洋の間の大陸間に位置する。また十字軍を経済面、兵站面で支えた戦争で得た莫大な利益もある。十字軍は独自のイデオロギー的・軍事的な事件で、その原因は社会的・経済的発展のあらゆる平常の型の外部で現れたものである。

スミスはこうして古代共和国没落の一般理論をルネサンス期共和国にも当てはめた。それらは裕福で経済的に先進地になるにつれて軍事面では低迷するようにできていた。古代共和国史を知っている人たちは、自らの都市では工芸の発展を阻むことを望んだ。マキアヴェッリが描いた英雄カストルッチオ・カストラカーニがルッカで実行したように。しかし、それが成功すれば、故国を後退させて地位を貶めるのみであった。裕福で成功した国々は奢侈と商業的・工芸的な生活様式ゆえに軍事的に弱体化した。近代共和国に奴隷制がないことは、一般人が日常の【88】経済生活で自分の役割を果たすのに忙殺を余儀なくされるということを意味する。だからスミスはルネサンス期イタリアに民主政の目立った例はないと論じるのである。そこには貴族政しかない。何となれば、働く職人が政治参加しようとしても、時間を食ったであろうから。同じことが軍事にもあてはまる。ただやはり軍事技術は向上し、城壁都市の防衛と近代戦の推進はますます難しくなった。共和国の民兵軍はヨーロッパの君主国の職業的な軍隊から見ると相手にならない。

スミスが最終的に導いた結論は、イタリアの小さな都市は戦争で衰えて相対的低迷に沈んだが、これは古代の先例とそっくり同じだというものであった。このことは、ヨーロッパの自由の勃興を、封建主義のなかでのゲルマン遊牧民政治の崩壊という背景のなかで説明すべきだということを意味する。封建主義に立ち向かう革命なるものはあったのか。それは古代やルネサンス都市国家のように外側から征服されたのか。否である。封建期やその後の国家はイタリアにおいては征服者側であった。では何がそれを覆したのか。スミスの答えは、古代の例と部分的に同じだというものである。つまり奢侈がそれを滅ぼしたのである。彼はまた、ローマを滅ぼしたのも同じく奢侈だったと述べる。実際ローマの奢侈が封建諸王国を転覆させた。ローマは衰亡のなかで征服する側に自らの地位を遺贈した。しかしこのローマの奢侈という毒の入った盃が、ローマ時代から続く町を経由して伝えられ、自由を取り戻させた。この理論こそが、スミスを結局ルソーから大幅に離れさせた、または多くの読み手にそう感じさせる要因となった。私は彼らの経済学 political economy を第五章と第六章で論じるが、これは彼らの奢侈論を見ることにあたる。ルソーもマキアヴェッリの同じくだりを熟知していた。彼は拡張的政府という考え方が悪であり、ヨーロッパに毒を盛るものだとみなしていた。むろんそれには根本的に反対であった。ところがまた、ホッブズの法人国家理論がこの病を免れるとも考えなかった。反対に、国家なる法人 artificial person は作為の食指 artificial appetite を伸ばし、それには明白な物理的限界はないと見ていた。実際一八世紀には国家の経済的食指を抑え込むことが主たる問題になる。ルソーとスミスがそれにどう挑んだかを見ることは興味をひくだろう。

注

（1）Smith, *Lectures on Jurisprudence*, p. 401. スミス『法学講義』水田洋訳、岩波文庫、二〇〇五年、三一一頁。

（2）ホントがルソーの主権理論を論じたものとして次を参照のこと。"The Permanent Crisis of a Divided Mankind: 'Nation-State' and 'Nationalism' in Historical Perspective," in *Jealousy of Trade*, pp. 469-74. ホント「分断された人類の永続的な危機――「国民国家」と「国民主義」の歴史的展望」『貿易の嫉妬――国際競争と国民国家の歴史的展望』田中秀夫監訳、昭和堂、二〇〇九年、第七章、三四四～六頁。

（3）Adam Ferguson, *History of the Progress and Termination of the Roman Republic*, 5 vols. (Edinburgh: Bell and Bradfute, 1799); Ferguson, *An Essay on the History of Civil Society*, ed. F. Oz-Salzberger (Cambridge: Cambridge University Press, 1995). ファーガスン『市民社会史論』天羽康夫・青木裕子訳、京都大学学術出版会、二〇一八年。

（4）ホントが富と権威に関するスミスの理論を論じた次を参照。"Adam Smith's History of Law and Government," pp. 150-5.

（5）Smith, *Theory of Moral Sentiments*, IV.1.10. スミス『道徳感情論』水田洋訳、岩波文庫、下巻、二〇〇三年、二四〜五頁。Locke, *Two Treatises on Government*, ed. P. Laslett (Cambridge: Cambridge University Press, 1960), "Second Treatise," chap. 5. ロック『完訳 統治二論』加藤節訳、岩波文庫、二〇一〇年、第五章。Bernard Mandeville, *The Fable of the Bees*, vol. 1, ed. F. B. Kaye (Indianapolis: Liberty Fund, 1988), p. 366. マンデヴィル『蜂の寓話——私悪すなわち公益』泉谷治訳、法政大学出版局、一九八五年、二九三頁。

（6）Niccolo Machiavelli, *Discourses on Livy*, ed. H. C. Mansfield and N. Tarcov (Chicago: University of Chicago Prss, 1996), book 2, chaps. 1-4. マキァヴェッリ『ディスコルシ——「ローマ史」論』永井三明訳、ちくま学芸文庫、二〇一一年、二七四〜三〇四頁。James Harrington, *The Commonwealth of Oceana*, in *The Political Works of James Harrington*, ed. J. G. A. Pocock (Cambridge: Cambridge University Press, 1977), pp. 180-2, 273-8, 320-5. ハリントン「オシアナ」田中浩訳、『世界大思想全集　社会・宗教・科学思想篇　二　ホッブズ、ロック、ハリントン』河出書房新社、一九六二年、二五七〜九頁〔邦訳は原書二〇七頁までの抄訳〕。

訳注

＊1　モンテスキュー『ローマ盛衰原因論』田中治男・栗田伸子訳、岩波文庫、一九八九年。

第五章 経済学——市場、家政、見えざる手

5

POLITICAL ECONOMY

MARKETS, HOUSEHOLDS, AND INVISIBLE HANDS

【89】本章で私は経済学political economyの世界に踏みこむ。これは実質的には奢侈論争の領域であることがわかるだろう。

私は軍事的能力の破壊によって古代共和国を滅ぼしたのは奢侈であるという命題をスミスが認めていたと論じた。彼らは遊牧国民の攻撃に対して自衛できなかった。遊牧とは歴史の四段階論では農耕社会や商業社会から数えて一つ、またはおそらく二つ前の段階であるのに、遊牧国民がそれらを滅ぼしたのであった。

ルソーも古代の崩壊に関するこのテーゼを本当だと認めたが、彼はその始まりに逆説的要素を見ていた。奢侈が古代ヨーロッパ文明を滅ぼしたという命題は、実は古代人自身が言い始めたものである。彼らは自らの崩壊の最良の理論的説明を定式化できていたわけである。これは出来事が終わってからの説明ではない。むしろすでに成就していたことの予言である。古代社会の問題がどうあれ、それは彼らに理論的理解力がなかったという問題ではない。実を言うと、問題は理論ではなく実践にあった。古代人は奢侈を批判しながらも奢侈を行ない始めた。そして自らがこの滑りやすい坂道を転げ落ちていくのを見ていた。彼らは最後にはこぞって没落してしまった。ところが自分の過ちにはなおも完全に気づいていたのである。

【90】ルソーによると、この壮絶な不幸には二つの反応がありえた。一つは、奢侈の政治的、国家安全保障的帰結に関する古代人の分析が妥当でないとすることである。ルソーはこの点で二人の近代の書き手にふれている。おそらくマンデヴィルとジャン-フランソワ・ムロンである。これらの著者は、奢侈が社会の厚生の基盤ではなくむしろ災いのもとで、そのことを適切に理解すればすべて管理できると論じた。ルソーはこの答えをあっさりと否認した。倒錯していると思ったからである。古代人の失策は理論の過誤ではなく理論を実践しなかったことに起因する。だから哲学者、政治家、人民が古代の奢侈批判の教えに学んで、それをもとに持続性ある慣行を確立した社会を構築することが課題となる。ルソーは自分が経済学political economyを構想する目的はこれだと主張した。

カントはこの構想ゆえにルソーをエピクロス派から区別した。同派は自らの幸福のイデアを追う人たちで、道徳を発展させる第一の手段として必要の充足に着目した。彼らは必要の洗練が人類史の進歩の鍵を握るととらえていた。カントは、キケロの『善悪の究極』に従って、ストア派とエピクロス派の論争の形で古代の道徳を示したとき、キュニコス派 Cynics を方程式のエピクロス側の辺に置いた。キュニコス派の代表はディオゲネスで、彼らは道徳を幸福の道具とみなす理論的快楽主義者であった。ところが、彼らは奢侈と人為的必要の問題についてはエピクロス派と食い違った。彼らは幸福を超極小主義的な必要充足プログラムと同義とみなし、ほぼ最低限の物的必要の充足が道徳の核心だと実質的に見ていた。カントは、だからこそ彼らの思想は道徳への近道とみなせるのだと指摘する。また真の難問は道徳を文明の内実たる人為的必要の文化がもたらす難問と結びつけることだと補足している。カントは、このキュニコス派やディオゲネスの立場と道徳発展のエピクロス派的な理解の間を揺れ動いた人としてルソーを特徴づけた。カントはルソーを洗練された、または精妙なディオゲネスだと呼んでいる[1]。この分析は正しい。ルソー自身がホッブズを含む伝統のなかにディオゲネスを位置づけており、彼自身の自尊心理論とは、情動の一つが人類史のなかで善も悪も生んだと強調するものである。【91】ルソーはアレクサンドロス大帝とディオゲネスが出会う有名な話にふれて、自尊心は偉大な戦士である皇帝と極度に控え目で誇り高い哲学者をともに生み出したと告げる。彼らはいわば同じ古代の根から成長したのである[2]。

上述のとおり、スミスは同時代のスコットランド人から、洗練された、または精妙なエピクロス派と呼ばれていたのであった。その意図は、カントがルソーを奢侈と人為的必要の快楽主義理論に完全に属してはいないと述べたときの意図とどこか似ている。ルソーとスミスは古代キュニコス派の極小主義と、全面的快楽主義および奢侈肯定派と（一八〜九世紀にはエピクロス派と呼ばれた）を両端とする道徳や経済についての立場の連続体のなかほどに位置すると思われる。むろんこの連続体のなかほどと言ってもまだ範囲は広いが、彼らジュネーヴ人とスコットランド人を比べると、二人の思想家が両端に近いところにいると語るべきではなく、ともに商業社会の行き過ぎを批判した人だとみなすのがよい。教条的キュニコス派、ディオゲネスの真正なる後継者で、基本的必要をかろうじて満たせるだけの水準まであえて私たちを退行させようとした人たちだというルソー像は、一八世紀にはよく見られたが、私たちはそこから距離をとるべきである。ルソーがこういう考え方をはっきり退けた箇所は多い。

私が進む次なる段階は、ルソーとスミスの違いについての極端なまでにひどい誤解に正面から挑むことである。これは彼らの市場観を指す。私は見えざる手という有名なフレーズを念頭に置いている。見えざる手という隠喩は、それ自体では相当ありふれていた。隠れた手とは神の手を指し、一八世紀の説教ではかなり頻出する。それはデザイン〔神の創造の意図〕論に由来する。ルソーは『人間不平等起源論』の注で未開人の驚くべき身体能力を描写してこの隠喩を何気なく用いた。ホッテントットを例にとると、彼らは小石投げをして遊ぶ。ルソーの記述によると、小石は見えざる手に導かれているように見える飛び方をして的に当たるという。スミスは『道徳感情論』で私有財産をルソーから擁護する文脈でこの隠喩を用いた。

このくだりは自尊心の分析で出てくる。スミスは人為的必要が物的な快楽を追ってではなく【92】地位を求めて浮上するものだと論じた。貧しさは恥だから、人々は豊かになりたがった。そうやって自他比較の文化、自尊心の文化を受け入れた。その章の前半でのスミスの狙いは、人間の想像力が迂回的に作用する様を示すことにあった。金持ちは奢侈品を地位や権力の象徴として消費するにとどまらず、不要物gadgetsを念入りにつくることに精を出す。高水準の奢侈では品物の物的な効用ではなく意匠の美が持主を喜ばせるとヒュームは主張したが、スミスはこれを繰り返している。この分析は、洗練され、審美要素に媒介された効用追求を特徴とするという文明全体の評価に転じていく。スミスはここでルソーの議論を認めるとともに、巨大な欺瞞である地位の追求という多忙な文化も描き出す。分析の次なる段階は初歩的な神義論である。欺瞞は人類を益すとスミスはいう。『エディンバラ評論』

で自ら翻訳したルソーを緻密に敷衍しながらスミスは述べる。この欺瞞こそが、

［人々が］初めて大地を耕し、家を建て、都市や共有国をつくり、あらゆる知や技を考案するよう働きかけた。これらが人間の生活を向上させて飾り上げ、それが地表全体をすっかり変え、自然のままの粗放な森を快適で肥沃な平地に変え、人跡未踏で実りをもたらさない大洋を新たな生存基盤、地上の他の国民と交流する大道としたのである。(3)

近代のグローバルな経済は、みなこの欺瞞に始まった。「見えざる手」のくだりは、この発言に続いて、この構図の一部を疑うなかで出てくる。

ルソーは私有財産（個人の必要を上回る固定的な所有物の意味）のおかげで、ある人が二人かそれ以上の必要を満たせるくらい所有できるようになったと論じていた。彼によると、この変化こそ近代文明のなかに腐敗に転がり落ちやすくする坂を生み出した。スミスの答えは、ロックが『統治論』第二論の所有についての章で示したのと同じで、生産性も二倍になればこれはみな重要でなくなるというものであった。さらに進むと、つり合いは【93】プラスになるだろう。それは生産性が利己的な獲得愛の伸びを上回った場合である。スミスはこのくだりで、ルソーが示した代案たる平等主義の方がよく機能したとは言えず、一個人の必要以上に私有財産の増殖を認める不平等主義的な解決法の方が人類にとって有益なことがわかったと伝えたいのである。見えざる手とは、この趣旨を展開するためのスミスの修辞の一部であった。

とはいえ、本のこの部分全体においてスミスの論調は私有財産の持主、特に地主にきわめて敵対的である。スミスの指摘する要点は技巧的である。金持ちなら広大な土地をもち、それが莫大な量の産品を生むかもしれない。しかし彼は想像のなかですべてを自分のものだとみなしているにすぎない。これはたんに物理的にありえない。金持

ちの身体や胃は貧民のものより大きいわけではない。目は腹よりも大きい〔人は外見で欲望をかきたてられやすい〕という卑近であさましい諺は金持ちにこそ最もよく妥当する、とスミスは記す。金持ちは貧民より多くは食べない。彼はむしろ、より高級で夢のある料理を食べる。彼は所有物の余りを市場で売る。それは自然的所有物ではない。人の労働の力を借りてしか作り出せないからである。金持ちは働かないので、自分の財産で生産するには他人を雇うしかない。おまけに、自分の必要を満たすのに従者を雇う。こうして自分の労働力以外に財産のない者は、各種の技能によって金持ちのために働くことならでき、それで賃金を稼ぐ。そして今度はこれで食べ、服を着て、家族をもてる。この市場システム、すなわち財産所有者と労働所有者の間での交換は、平等主義のシステムと少なくとも同等か、しばしばそれよりもうまく機能する、とスミスは言う。これは道徳ではなく経済からの判断である。金持ちの奢侈や誤った行動は正当化できない。しかし効用論的な観点から見ると人類は受益している。スミスの説明を見よう。

> 〔金持ちは〕貧民とほぼ同じくらいしか消費せず、また自分は自ずと利己的で略奪的なのに、さして消費しない。ただ自分の便益しか考えず、雇い入れる幾千の労働者によって目指す唯一の目的が自らの空しく際限のない欲望であるのに、貧民があらゆる改良を加えた品物を彼らと分けあう。[4]

【94】これと似たような箇所もある。

> 彼ら〔金持ち〕は生活の必要をかろうじて満たす取り分を生み出すように見えざる手に導かれる。これは地球が住民全体に均等に分けられていて、意図もせず、知りもせずに、社会の利益を前進させ種の増殖の手段を与えるとすれば、生み出されるであろうものである。[5]

もてる者ともたざる者の相互作用はゼロサム・ゲームではない。「神の摂理が地球を少数の仰がれる主人に分けたとき」――スミスはおそらくキリスト教道徳理論の摂理論的な語り方を用いているか、あるいはおそらく嘲って調子にのっている――「それは区分地の外に置き去りにされたらしい人々を忘れもせず見捨てもしなかった」。幸福ははるかに気前よく分け与えられた。「この最も劣った者〔無産者〕もその〔地の〕産物すべてを分ちあった。彼らは人間の生活で真の幸福の要素をなすものにおいて、彼らをずっと上回ると思われる人たちに比べてどの点でも劣ってはいない(6)」。

確かにこういう結果になるようにしたメカニズムは、人間の身体がもつ物理的能力と人間の想像力の柔軟性との不整合、物理的な必要と人為的で精神的な必要との不整合、つまりは**物理的人間** *l'homme physique* と**道徳的人間** *l'homme morale* の対立である。人間の本来的性情にあるこの二つの面の相互作用がルソーの主なテーマ、おそらく**定番的な** *the* ルソー的テーマである。スミスが『道徳感情論』の「見えざる手」の一節で、ルソーならすすんで同意して熱心に賛同すらしたかもしれないテーマを点描したというのはありうることだろうか。

これは慎重に足を進めるべき重要局面の一つである。なるほど、ルソーとスミスは私有財産の問題に関してとても異なる解決策を展開した。スミスはルソーの商業社会理解の中心点の一つがここだと指差している。しかし二人の思想家の対立を単純化して理解しても、いまの私たちにはあまり役立たない。スミスが議論展開の出発点とした根底となる説明ポイントをルソーも全面的に認めていた。彼は何度か自分でその考えを表明している。それは公刊の【95】形をとった『エミール』のほか、中座した大作「政治制度論」のさまざまな断片にも見られる。ルソーは身体的には金持ちが貧民と違わないとの主張をずっと繰り返した（仮に違えば革命が社会の階層秩序のなかで二階級の位置を入れ替えたとき彼らはどうなるのか、とルソーは問う）。彼らの物理的な消費のあり方に大差がないことはやはり見やすい。

この考えが現れた最も興味をひく例は、自然状態とは個人間の戦争だとするホッブズの思想をルソーが否定した一節である。ホッブズによると、個人は際限なく欲望を肥大させるので、国家がないとお互い戦争をし続けるのみである。ルソーは人間に無際限な必要が原始にあったという解釈には大きな問題があると考えた。金持ちが莫大な財産の果実をみな使い切るといったことが本当にあると信じられようか。所有財からつくった産品は、他人に譲渡しないならそれ自体として何の役に立つのか。

よきものはみな、使わなくともなお富である。全世界を所有しても、世界に自分たった一人しか住んでいなければ、それを何に使えよう。何ということか。彼の胃は地の果実をみな貪り食うだろうか。誰が産物を地の四隅から彼のために集めてくれるだろうか。誰がまるで住むつもりもない広大なる荒野に彼の帝国の証拠を運んでいこうか。彼は自分の宝物をどう扱い、誰が彼の手元にあるものを消費し、誰の目の前に彼は自分の権力を誇示するのか。(7)

ルソーは金持ちの胃は他の誰よりも大きくはないとの主張を固める。彼の議論はスミスのそれの引き写しである。

人間の力と大きさには限界がある。自然がそう定めたので、彼はそれを超えられない。どの角度から自分を見ても、あらゆる能力の限界が見える。人生は短く、余命には限りがある。富が増えても、いかに情念が強まっても、胃は膨らまない。快楽には大きさがあり、心には【96】他のすべてと同じく境があり、楽しめる分量はいつも同じである。頭のなかでは自分を大きく見るのももっともだが、自分はいつも小さいままだ。(8)

ルソーが全体として言いたいのは自尊心と誇りが社会性の担い手だということで、そう述べることで『市民論』でのホッブズの主張を繰り返しているのである。認知を求めて比べる心理は社会を前提として生じ、社会のなかでしか意味をなさない。誇り高い自我は他人と交流しなければならない。金持ちも莫大な財産が生むものすべてを消費できない。強くて権力を握った人たちも戦争で競争相手すべてを殺せない。では彼らが優れていると誰が賞賛するのか。誰が彼らに仕えるのか。私有財産と不平等の素朴で道徳的な解釈はまるで非現実的である。敵を殺す代わりに奴隷にもできるとルソーは指摘する。同様に、財産の果実を貧者に閉ざすことなく彼らを市場奴隷または賃金奴隷にすることができる。この考えにはマルクス的色彩が明らかにあるが、彼より九〇年前に書かれたものである。

この問題をもっと深める前に、ここまで引用してきたテクストの特徴を述べる必要がある。「政治制度論」という断片こそ、のちに「戦争状態」と呼ばれるようになるものである。そこで主に論じられているのは、近代世界の戦争状態という現実は一国内の個人や社会階級間での問題ではなく、国民と国民の間で、国際的無統制の世界で起こっているという点であった。無際限さや貪欲の問題は有産者か否かを問わず個人の行動に関することではない。危うさは自然人 natural persons ではなく国家人 state persons に由来する。ここでルソーは国家理論において全面的に国家法人説に訴えている（この考えはシュヴァリエ・ド・ジョクールの名で発表された『百科全書』の「国家」という項目の中心論点でもあるが、おそらくホッブズに由来する）。ルソーは実在する人間の意味での個人の限界と比べてこう記す。

> 対照的に、国家は人為的実体で大きさが特定できず、これといった適正規模もなく、つねに拡張する可能性があり、他の国家の方が強ければ自らを弱いと考える。その安全保障や保全のためにはどの隣国よりも自国を強くすることが求められる。その力の拡大、養成、行使は【97】他国の犠牲によってのみ可能で、それは自らの外に生存手段を探さなくて

もよいが、もっと安定を与えてくれそうな新たな一員を実はつねに外側に探す。自然の手は人間の不平等に限界を課したが、社会のなかでの不平等は一人が他のすべてを呑みこむまで絶えず拡大するからである。[9]

この一節の語り方は『百科全書』に彼が寄せた項目「経済学 politocal economy〔économie politique〕」のそれに酷似している。その項目でも彼は国家の拡大要求を分析している。そしてマキアヴェッリ『ディスコルシ』の有名な一節――このフィレンツェ人は必要なら征服をしてでも富や名誉を不断に大きくする国家に強い選好を表明している[10]――をはっきりと否定している。いまはヌーシャテルのルソー文庫にあるこの断片は、明らかに項目「経済学」の議論をさらに詳しくしたものである。ルソーは軍国主義と帝国主義に対して一貫して敵対している。この断片は彼がナショナリズムの敵でもあることも示す。ナショナリズムは自然人ではなく国家人に適用されるような自尊心であった。ルソーによると、国家は自然人よりはるかに強く自尊心に突き動かされる。境界がはるかに流動的で曖昧だからである。国際的な力のゲームは、国内でも成員が最少水準の社会よりもはるかに少ない主体によって行われている。国家間の横の関係では認知要求がすべてで、かつそれはまた残酷なまでに直截である。どの隣国が拡大しても、これに応じない限り他国は相対的な観点では小さく見える。人為的な国家人は弱くて揺らぎやすい。国民心理は個人の病理学的心性と比べてさえはるかに集約的に教化されるべきである。諸国民の情念は危うく、共和国の情念はあらゆるもののなかで最も危うい。

ルソーが言うには「政治体に情念はなく、国家理性は理性自体にほかならないとあえて断じた人たちは千を数える」。それに続くくだりを見よう。

これでは〔実際とは〕反対で、社会の本質はその成員の活動にあり、ゆえに動きのない国家なるものは死体にも等しいということが明白ではないかのようである。まるで【98】世界各地の歴史すべてが最も仕上がった社会はまた最も活発でもあるということ、その全成員の内的・外的な作用と反作用が組織全体の活力の証人にならないということを、私たちに示さないかのようである。[11]

ルソーは結果について完全に明快である。「こういう国家が続くには、その情念の生気は、結局その動きの不活発を補わねばならず、その力が緩まった分だけ意思が急き立てられねばならない[12]」。

国々が成長すると、その公共精神は不可避的に緩まる。活気を取り戻すには働きかけが必要で、それは拡張的、攻撃的、隣国敵対的になりがちである。事実、国家の経済的偉大さを保つ最も簡単な方法、純粋に比較論的で相対的な考え方とは（そういうものが実在するなら）、隣国の成長の道筋に障害物を置く（必要なら軍隊でもよい）ことでその国を貧しくすることである。スミスは重商主義を難ずる分析を示し、それは他国に対する国家的憎悪、国内における国民的強化の両方に基づく経済政策の形だと説いたが、これはそのルソー版である。ルソーもスミスも重商主義におけるヨーロッパの窮状を言い立てて対策を探していた。第六章で彼らの提案した解決法について話したい。

ただ、いまは商業社会の国内問題に戻りたく思う。既述のとおり、この問題は私有財産と排除された無産階級の悲惨に見られるその帰結と同義というわけでもなかった。というのも、富裕層の余剰が市場で分配されるからである。問題は別にあり、市場の不公正な働きによる経済的隷従であった。ルソーの『人間不平等起源論』にあるとても有名なくだりのほとんど注目されていない一面に注意を喚起したい。私が念頭に置くのは、冶金術と農業の案出という「運命的な偶然」のくだりである。[13]ここで重要なのは冶金術である。同書第二部冒頭でルソーが私有財産を弾劾したことは有名だが、これは土地財産、要するに農業に関係していた。冶金術はまた違う。それは新種の財産を生み出すことに関連していない。【99】このことがよく「運命的な偶然」と解されるのは、自尊心の影響下にある文明社会の歴史を特徴づける人為的必要の累積的増大を加速させたからである。これは事実だが、別の要素もあった。冶金術は工業 industry をもたらした。これは土地から離れた形の経済的努力である。冶金は食べ物を生まないが、生み出した産品を食べ物と交換できるようにはする。これは分業を促す巨大な一歩であった。

巨大な一歩となったのは、社会のなかで食品をつくる人たちと工芸品をつくる人たちという二つの労働者階級を生んだからである。工業階級は自分の産品を農業従事者の産物と交換することによってのみ食品を入手できた。この結果、農業は全システムが回っていくための軸であり続けるはずであった。ルソーがあらたまって述べるには、冶金の誕生が運命的だというのは二つの経済階級の問題に適正なつり合いがないという意味である。ルソーは工業と農業の取引条件〔ある財の他財購買力、つまり交換対象財で表示した財価格〕は内的に不均等だと考えている。工業は本来的に農業よりも動的である。それは初めから目新しく、需要や欲求のある新たな品目を作り続ける。この結果、農工間の取引条件はまさしく最初から農業に不利に定まる。食品は安く工芸品は高い。このため工業と都市（工業が実践される場）がますます農業と田舎の住民を支配する世界が生まれる。これは住民構成の由々しい危機を生むようにできていた、とルソーは説く。冶金術考案の主な経済的帰結は近代経済の悲劇的な不つり合いで、これは社会崩壊と人口減少をもたらしかねない。これが『人間不平等起源論』の注でルソーが鮮やかに表明した大きな危惧である。むろんこの問題は当時の一つの大きな経済的懸念 a major economic preoccupation であった――**定型的な** *the* 懸念ではないにしても。スイスではそれが大いに現実的だったが、おそらくフランスではもっとそうだった。工業と農業、都市と地方の不つり合いは公債問題を除くとフランスでは大きな問題で、ルイ一四世とコルベールの時代の最も有害な遺産であった。それはアダム・スミスの著作でも中心問題でもある。『国富論』の内容を最も簡潔にまとめると、この問題に反直観的な答えを返したものだと言える。スミスは農工間に不つり合いの問題が存在し、それがとても重要だと認識していた。にもかかわらず、彼はその解決法として【100】工業を制約することで農工の不つり合いを修正するのではなく、両者の取引条件の修正を条件に社会のなかでの工業の指導的役割を保全するばかりか向上させさえすべきだと説いた。農産物の価格を上げるのを認めるべきで、これにより農業がもうかるので活性化する。一八世紀に工業と農業の間に観察された不つり合いは、ただ近年の政策ミスの所産ではないとスミスは言う。近代ヨーロッパの経済史ではそれがつきものであったが、ヨーロッパはまさしくこの不つり合いを利用することで世界の動力源に成長したとスミスは説く。それを巻き戻せばヨーロッパ経済全体を危険に晒しかねない。

さらに重要なことに、この不つり合いが封建期以降のヨーロッパにおける自由の回復に莫大な貢献をしたとスミスは述べる。忘れないでいただきたいが、スミスは自由を法体制の勃興と関連づけ、法文化は都市化が進んだ商業社会の自然な所産だと言っている。町や都市が経済の復興を先導したから、ヨーロッパは封建期以後自由になった。経済における町や都市の比重が増すにつれて、法文化の重要性も力を強めた。だから都市の影響力を再び弱めると、ポスト封建期ヨーロッパの政治構造全体が危うくなりかねない。スミスはこの主張を正当化するために自分の持味を込めて提出できそうな答えを考え出す必要があった。彼は都市では経済と自由が支配的なままであるよう望んだが、また農業がこれに追いつくことも望み、これによってヨーロッパ経済の基盤にある不つり合いと不公正をみな廃せると考えた。彼による法と統治の歴史の第二部は近代ヨーロッパの自由史で、それはこの問題を解決しようとの意図をもつ。こうして、それが『国富論』第三篇になったのである。

この問題についてルソーはどう考えたのだろう。明らかにそれは彼にとって重要きわまるものであった。興味深いことに、「奢侈」の語はディジョンのアカデミーに送られた『人間不平等起源論』の本文には出てこず、それに付された注に現れる。それはまさしく都会と田舎の不つり合いが招きかねない住民構成の破綻が迫っていると論じる文脈においてである。ルソーは奢侈が人口減やヨーロッパの力の消退を招くと考えられるとする。この趨勢は止めねばならず、しかも必要ならば思い切った手段でそうすべきだと彼はわかっていた。だが奢侈はどうすれば抹消できるのか。ルソーは平等主義的な実験や自然的豊穣の幻想はどれも度外視している。ある経済が【101】自然的に不均等な個人でできているなら、平等主義的な指令では決して鋳型にはめこめない。彼は私有財産自体や取引と交換の社交には反対しなかった。強制に基づく指令経済は望まなかった。ルソーは基本的に一種のリバタリアン〔自由至上主義者〕であった。彼は経済を労働の相互的で公正な（つまり平等な）交換だと定義している。農業と工業の労働に適正な価格がつけられて公平な条件でそれらを交換することで、二つの経済部門に公正な取引条件が成立することを望んだ。彼は誰もが職を得られ、男女が賃金によって欲するものが手に入る社会を望んだ。ルソーにおいては、働くことを通してのみ商業社会の一員になれる。この考え方は『エミール』で表明され、エマニュエル-ジョゼフ・シェイエスの有名な『第三身分とは何か』の思想の一部は明らかにこれに由来する。同書は、社会の一員である条件は何かという問いに対してルソーと同じ答えを返している。シェイエスによると、働かざる者は本来社会の一員ではなく、投票権を与えられない。[14] ルソーは、労働によって、労働をとおして成り立つ社会のなかで、交換手段としての貨幣を排除しようと欲してはいない。彼が明らかにしたかったのは、社会のなかの貨幣的過程を実際に制御する方法、別の言い方をすると、価格メカニズムをいかに理解、制御、改革するかであった。結局のところ、彼は農産物価格がその真の価値を表さず、農工間の取引条件が総体として歪んでいると不満を漏らしている。彼はアイルランドの銀行家で死後の一七五五年に著作が出たリシャール・カンティロンを手掛かりに貨幣数量説（価格が社会内の貨幣量で変わると示唆する説）を用いている。[15] 豊かな社会の方が貨幣は多く、このため価格水準は高い。ただ社会階級が違うと価格水準高騰の影響は歴史的にかなり違い、ルソーは農民の所得が必然的に他の階級の所得より低くなると考えた。すなわち、農民と一般人は近代の物価高に苦しめられた。影響は人口の激減として一目瞭然になる。奢侈や不健康な生活条件に支配された都会の方が死亡率の高いことで事態が悪化するのである。ルソーは明らかに不つり合いをもとに戻したがっている。問題はどうやってかである。

【102】これを理解するには、ルソーが背後に抱くつり合いある成長の理論を理解するよう求められるが、実を言うとそれは人間の文明自体のつり合いある成長の理論である。はっきり言えば、このつり合いがあれば町と田舎、工業と農業の間の正しい均整が生まれるはずである。しかしルソーのつり合いはもっと深い。文明の進行全体につり合いがあることにも関連づけられているからである。自然的または物理的人間〔同じ事柄を描写する二つの形容詞〕の善は道徳的〔人為的〕善の一形態ではない。「人は本性上善い good [bon]」[16]とか「事物の創造者の手を離れるや、存在するものはすべて正しい right [bien]」[17]といった言明は、少なくとも歴史の黎明期の人間は何らかの意味で善く、文明化された人間を評価し理解することとも調和しうるというルソーの見方を示唆するものとしてよく引かれる。ルソーの「悲しき」体系――これは「楽観的」体系と同義――〔彼はこれらの語を少なくとも近代的用法に照らすと反直観的に用いる〕の枠をつくる神義論のなかの悪は、主に物理的な悪にふれたもので、個々の人間や人間という種に降りかかり、それがなければもっと善処できるような出来事を描くのに使われている。ルソーは『告白』で『人間不平等起源論』において「いつも自然に不平を言う愚か者らよ、君たちの悪はみな君たち自身のせいだと気づきたまえ」と叫ぶ者として自分を描いた。[18]これはまた『エミール』の主調音となる思想でもある。同書は「存在するものはすべて正しいが、事物の創造者の手を離れるや、すべては人間の手のなかで堕落する」[19]という典型的に楽観主義的な定式で始まる。ルソーは「私たちの最大の悪は自分自身に始まる」と述べるが、それならば政治理論は人間がどうなれたかではなく現にどうなのかから始めねばならない。これはルソーが『社会契約論』冒頭で示したのとまったく同じ趣旨である。法は変えられるが、人間は変えられない。

ルソーは「存在するものはすべて正しい right」〔フランス語では「善い bien」と訳された〕というポープの句にこの文脈でふれることで何を言いたかったのだろうか。[20]彼がふれているテーゼは【103】『人間不平等起源論』第一部で明るみに出したかったこと、すなわち人間の弱さ、その愚かさ *imbecillitas* が社会の生まれる根本原因だというものである。自然的人間に弱さなどなかった。彼は「善い」であったとルソーは述べる。平和を乱し悪の原因となったのは、人間が不均質な被造物だという事実であった。人間は動物のなかでも独特で、質的に違う二種のものから成りたっている。人間が矛盾していることは「感覚できるものもできないものも」、すなわち身体と魂、身体と精神を含むという事実に起因する、とルソーは言う。だから彼の考えでは、「物理的な悪」は「人間が参加するどんなシステムにおいても」避けられない。[21]

ルソーはふつう彼が言ったとされる二つの考えを実際にはいずれも抱いていなかった。人間の生活は本来善であったとか、人類のその後の発展のなかで悪が善を押しのけたという考えである。善とはたんに被造物と習性の原初の調和で、それはすべての動物の運命（これは善き運のこと）であった。人間がそれをつかめなくなったのは、人間の習性の変化に人間の本能の物理的適応力がうまく対応できるきっかけがなかったからである。習性の変化にはむしろ精神的（道徳的または社会的）な適応をきっかけにして対処した。人間の意外性は、いわば精神的適応が人間の物理的能力の人為的、社会的拡張をもたらせるという点にあった。人間は鳥のように空を飛ぶことを身につけるのは無理だが飛行機を作れることはいまや誰もが知っているとおりである。ルソーの語彙では「完成力」がこの現象の名である。[22]人間はあらかじめ定まった自然的または物理的必要という動物のごとき檻を破って外に出た。人間の精神、想像力が新たな人為的必要を生み出し、それから人間はこの必要を慌てて満たそうとした。人間はいつもこの力に引かれて社会のなかで対応した。問題は人間がただ夢を見たり想像したりできるということではなく、その夢を本当に実現できるということであった。ただし、いつもすべての夢をすぐさま叶えられるわけではなく、時間をかけることで挑戦に立ち上がれたのである。

キュニコス派やディオゲネスとしてのルソー像は、精神が身体に騙されることに彼が全面的に反対していることを示唆している。しかし洗練された、または精妙なキュニコス主義は樽のなかの哲学者による極小主義の教えではなく、群集の前で自慰をして【104】自然的で動物的な性的衝迫を解放するものではない。ルソーにとって人間とは心身の間の創造力ある対立ゆえに発展し文明化する動物であった。問題はこの対立を大きな道徳的悪を生まずにいかに活用するかである。心身の発展していく道筋は調和をもたらすべきで、心身のいずれが先に立つかのゲームを繊細に行なうべきだというのが答えである。人為的必要の求めとそれを満たす人間の能力が同時生起 sync からあまりにも離れること、あるいはあまりに長く同時生起から外れていることはないようにし、そのことで過度な対立や苦渋を生まないですむよう保証することが課題であった。ルソーの言葉では、必要と力は手を取り合い、足並みをそろえて調和のうちに成長すべきである。

ルソーも承知のとおり、これはめったに起こらない。人間の発展には飛躍や跳ね返りがあった。経済学 political economy の分野で彼が得意とする例は、まさしくここで論じてきた議論、すなわち農工間での経済発展の不つり合いであった。経済発展自体には何も過ちや悪はない。間違っていて害があり道徳的に悪いのは不つり合いな成長である。都市、奢侈、工業が農業の弱体、食糧供給の積年の問題を脇に置いて成長すると、収奪や飢饉がよく起こる——つまり人口や環境における破壊である。この観点から見るとは、人間は原始の狩猟採集に帰ったみたいに四足歩行で森に戻ってまたドングリを食べ始めるべきだとすることではない。ルソーは読者のなかに彼の著作を読んでこういうとてもおかしな結論を下す人がいることに仰天した。彼が望んだのは、労働と個人の私的所有を基礎にした社会であって、交換を軸にした商業社会が発展すると、そこですべてがつり合いを保って成長し、心身間の創造力ある対立も調和を伴って、人間と自然の間、人間と人間の間（社会関係）の両方で活用されるような社会であった。

こういうつり合った成長の要求は、ルソー時代のフランス政治学を引っ張った考え方の一つであった。ルイ一四世治下フランスは偉大になるが、それは意図的にフランスの経済と社会のつり合いを砕くという犠牲の上に立っていた。コルベール主義として知られるこの政策は、フランスに惨状と言うべきものをもたらす。この状況からの回復は一八世紀にきわめて広い範囲で抱かれていた夢の一つであった。その予言者はカンブレー主教、啓蒙期に最も広く読まれた一般向けの書物『テレマコスの冒険』の著者フランソワ・フェヌロンであった。同書はルソーの主人公【105】エミールとソフィが当時までに現存したなかで最良の政治的・道徳的物語として読まなければならなかった本である。フェヌロンはルイ一四世が壮大を目指す古代ローマの構想に再着手するための資金を探し、コルベールはこれを助けるためにフランスで奢侈が伸びるよう促したと考えた。これは最も根本的にはフランス人の社会的想像力の中心に無制限のポピュリズム的自尊心を置くことに帰結したにとどまらず、都市の不つり合いな成長を積極的に支援したのでもあり、奢侈の繁栄のために必要と見られていた。農業を犠牲にして工業が促進され、それをもとに軍事に巨額の支出が注がれた。テレマコスにとって中心的な対抗実験は、善王イドメネウスのもとでのサレントゥムの国家建設実験であった。これはフランス革命のジャコバン派にとって経済的自己像となるもので、つり合いある経済をつくり出す英雄的な試みであった。その主な段階は二つである。第一に国家権力を用いて都市を破壊することで社会と経済のつり合いを無慈悲に取り戻すもので、奢侈品部門の住民に田舎に戻るよう迫り、奢侈と経済的不平等を廃し、大げさな誇示に代えて人間の自然的不平等を表現した象徴的身分制を導入する段階である。毛沢東やポルポトは二〇世紀にアジアでこれに似た案を実行しようとしたが、近代文明を是正するこの暴力的な革命実験は一八世紀のモラリストや経済改革論者の精神のなかにつねに宿っていた。彼らはこの展望が原案のままではいかに危ういかを知っており、より平和な代案を探し続けていた。ルソーやスミスも例に漏れない。一度暴力的矯正が起こると、改革案は原始主義をとるのではなくつり合いある成長をとることになり、そこでは厚生は不断に増すが、都市が田舎を引っ張っていくことはもはや容認されない。構造ができ上った社会で自由交換と自由取引が手綱を執り、政治権力は遠くから監視する役回りへと後退するかもしれなかった。オーケストラはよきテンポを伝える指揮者を必要とするにせよ演奏はできた。別の隠喩で言えば、よく練られた手筈に基づく庭では花が自然に開き、雑草を取り除く庭師は時どきしか必要ない（これらはフェヌロンによるつり合いある経済の有名な隠喩である）。重農学派はこの色濃く一般向けの観念の上に近代的な経済科学を打ち立てたのである。

ルソーも当時の多くのスイス人と同様にフェヌロン派であった。彼はつり合いあるヨーロッパとそれを監視するリバタリアン的国家を望んだ。私たちは後ほど、彼なりにいかにこういう国家が政治的・経済的に動き出すと考想したかを見ようと思うが【106】、それは小共和国の共和国連盟やカントン〔スイスやフランスの地方自治体〕からなり、これらは農業に根ざす世帯経済を対等な連盟として組織したネットワークに根ざしている。本章の以下において今や見出すべきなのは、啓蒙的なフェヌロン派群衆はなぜスミスをのけ者 bête noir と見たのか、またはなぜ彼がみなと違っているよう求めたかである。

これは価値選択の問題ではない。他の多くの人たちと同じく、ルソーとスミスが食い違ったであろう点はわずかである。教条的な徳の味方がスミスに自分たちの愛する夢を彼が道徳的、政治的に裏切ったと訴えてきたとき、スミスは激怒した。むろん民兵は十代の子供相手の市民精神についての夏期講習向けには悪くない考えだと彼は言う。それは反政府的主張、故国の危急存亡に関わる防衛には役立つだろうが、経済大国に囲まれた近代の戦争ではボロをまとった軍に出番などない。問題は近代的な徳を備える条件を解明することであって、それを舞台上でオペラよろしくまねて見せることではなかった（ちなみにルソーは特にこの点で同見解である）。スミスはこういう誤りがたんに感情的な愚かさの印だとは考えなかった。実はそうだったのだが。誤りは基本的に方法論上のものである。スミスは自然法学にだんだん反対するようになるが、これはその背景にある中核的な考えで、彼はそれを近代の経済学 economics〔ここでは市場の調整力が政府介入の必要を極小にするとの含みがある〕の基盤だとみなしていた。この比較論的な文脈ではルソーは固有の意味での経済学者 economist で（重農学派はこの点にすぐ気づいたほどだから抜け目がない）、スミスは歴史主義者、警戒心が強く経験を重視する思想家であった。これは第四章で描いた自然法からローマ法への逆戻りという問題領域に私たちを連れ戻す。ルソーは歴史に絶望していた。その代わりに彼が探し求めたのは大がかりな発展を説明する装置で、それが次には改革へとつながるのである。最も歴然たる例のみを挙げると、このことは『社会契約論』のなかですこぶる明快に説明されている。ルソーは「歴史一般は、名前、場所、日付を特定した、手軽に知れる目立った事実しか記録しないという点で不足がある」と記す。そして必要なのは、「こうした事実のゆっくり段階的に展開する、同じようには寄与するわけのない諸原因」を発見する方法である、と続く。歴史家にとってこうした原因や、背後にある動的な出来事は「いつも未知にとどまる」からだと彼は嘆く。(23) また読者に警告して、モデル化するもののなかに時間因子があるという意味ではおそらく歴史的に書いているが、自然法や理論的な経済学 economics をつくっているのだと述べる。彼は「事物の通常の成りゆき」のなかでふつう事物がいかに発展するかを知りたがっている。スミスの【107】『国富論』第三篇とは、フランスのフェヌロン派や、自然法的語り方の心酔者に彼が返した展望の大きな答えだが、その初めにはこの方法論の決然たる論駁を置いている。この自然法(歴史の通常の成りゆき)と自然的進歩のモデルがきわめて抽象度の高い水準では論理的、また歴史的にも正しいのは確かである。彼はさらに「初めのものを初めに」は展開の正しい順序だというのも確かだと補う。人は異国趣味の奢侈品をグローバルに交易することに乗り出す前にまず食べる。この順序はときに逆にもなりうるが、全体としてはそうでもなく、長く逆のままにはならない。しかし事実は、ヨーロッパでは成長のつり合いは組織的に調子外れとなって何世紀も経っている。フランスのフェヌロン派は、コルベール主義とはルイ一四世が古代共和政的な君主政を虚栄心から復活させたことによる短期の逸脱だと見た点でまったく間違っていた。それは短期目的の達成に失敗した慎重な政策であった。しかし背後にある観点は、近代ヨーロッパ史の全体的発展という基調音である。自然法とその派生物たる経済学 economics は、人類の全般的発展については正しかったと思われる。ヨーロッパについてはたまたま誤った。古代ヨーロッパが近代のそれとは別の特殊な色合いをもつことは第四章で見たが、後者は富裕の自然的進歩、つまり事物の通常の成りゆきの論理に従って発展せず、反対または逆行的な形で発展したとスミスは述べる。太陽は東から昇り西に沈むというのが事物の通常の成りゆきである。太陽が西から昇ったら逆行的動きが生まれ、最も控え目に言っても特別な説明が求められる。なるほど、スミスによるとヨーロッパ経済という太陽は西に昇ったので、実際きわめて特別な説明が切望されている。これこそ彼が『国富論』で提出しようと狙ったものであった。この面でスミスは自然法学者ではなく、そのため経済学者 economist でもなかった。彼は確かに分析面で臆病ではなく、分析的な社会哲学者は的を誤って選んだと考えたにすぎない。抽象的な分析的思想家はルソーである。彼の蓄積はオックスフォードも含む近代の分析哲学の陣営でも見上げるべき高さにある。ただ分析的政治思想は、今では左派自由主義なる誤称のもとに知られた北米共和主義の表看板であるが。合衆国は農業を第一としてつり合いある経済成長をした模範例と考えられていた。後にまるで違うことが判明したので、どうしていればそうなりえていたかの論争はまだ闘わされている。

【108】スミスはヨーロッパの経済発展が全体としてつり合いを欠くと考えたが、つり合いは情況を無視せずに特別あつらえの政策を適用してそれに合わせることで取り戻せはしまいかとも考えた。ここで鍵を握るのはやはりヨーロッパの発展の不連続性、古代と近代の巨大な溝をわきまえることである。ルソーは『人間不平等起源論』でローマ共和国の様子を描いたうえで、ポスト・カルヴァン派的な都市国家ジュネーヴの政治構造を真に適正にするためには何を修正すべきかを描き出した。分析的には、人類創成の黎明から一八世紀フランス王国に至る、不つり合いな経済成長の連続的モデルを描いた。この連続主義的な形のモデルは、みなヨーロッパで生じたことを定型化するには適さない。だからこそスミスは、西ヨーロッパや、おそらく北ヨーロッパ〔スコットランドを含む〕の人たちは、トスカーナ、潟国家ヴェネツィアにおける局地的な政治の発展に魅了されないように距離をとるべきだと、断固として述べたのである。イタリアとその後のスイスでの都市国家の見かけ上は新古代的な発展は、学ぶものが多くあるとして

も前座的なものである。近代ヨーロッパはゲルマン的、広域かつ農村的なもので、ポスト古代的ではなくポスト遊牧的な封建主義という政治的発展によって再スタートした。ヨーロッパに必要なのは、小さな都市国家という舞台での局地的な進歩の事例ではなく、都市化された農耕・商業社会に全般的に移行することである。この問題の要点は速度にある。一般史の観点から見ると早晩そうなる定めにあったが、通例人口増大圧のもとで後ほど生じた。これは本質部分ではルソーがアフリカについて語ったのと同じ話である。発展は生じるべくして生じるが、遅々としていて、数十年か、おそらく数百、数千年かけて進む。早期の動きは北方で起こり、ルソーにとってもこれが人類の実際の歴史であった。彼は自分がジュネーヴを福音派プロテスタントの埃っぽい集落だと信じているのだと人々が考えたとき腹を立てた。それは繁栄した時計職人たちの都市だと彼は書いている〔彼はジュネーヴに劇場はいらないと考えたが、これは別問題である〕。ルソーは完全には見誤れなかった。カーコーディ出身のスミスも北方にしか関心がなく、そこは一回ならず破滅を経験していると知っていた。彼は歴史的に超高速でゲルマンの遊牧民が近代の経済的共和派に移行して、ある時代に世界の盟主になるという経済モデルにひどく執心した。近代の都市・商業的な文明を彼らはいかにしてかくもすばやく手に入れたのか。ゲルマン人はかつてハドリアヌス長城〔スコットランド南部にある〕くらい遠方にまで伸びて栄えていたローマ帝国を滅ぼしたが、近代文明はその後どこから現れたのか。

【109】商業と都市はなぜかくも速く勃興したのか。そして遊牧民による権力構造面で一見難攻不落の砦はなぜ廃墟になったのか。スミスは移行問題を説明する必要があった。彼は議会を経由しようがしまいが反封建革命などなかったと知っていた。遊牧社会は内側から崩壊した。この説の腕前の絶妙さは商業の勃興と封建主義の崩壊という二つの事件の原因が同じだとする点にある。それはおおよそではなく正確に同じだと言うのだ。第四章でスミスが都市の政治ではなく経済的・法的構造が〔中世以降にも〕残ったと理解していたと述べた。有徳な軍事的遊牧民を殺したのは、ギリシアとローマという有徳な先輩国家を壊滅させたのと同じもの、つまり奢侈であった。まがいも

の、安物の宝石と引換えに、彼らは自分の魂や力を売り渡した。革命は二種の担い手が現実のものとし、ともにこういう意図を微塵ももたなかった。すなわち、奢侈品を売る商人、名誉の体系のなかで制度化された自尊心の巨大な心理的圧力にくすぐられ、自分の夢想を満たすためにそれらの品を買い求めた封建期の支配階級である。スミスは奢侈に敵対的だが、近代ヨーロッパの自由は奢侈の子だと考えない者は盲目だと主張した。奢侈が自由を生んだとすれば、それはたんなる悪で健全な成長の致命傷だとはみなせないことになろう。それは近代共和主義の父、あるいはおそらく母であった。少なくとも封建領主の滅亡に関しては、ルソーがこの分析の本質に賛成しなかったとは私は思わない。未解決問題は、そこからどこへ向かうかであった。ルソーもスミスも封建制から出てきた政治システムは絶対主義だと知っていた。両者ともそれを嫌い、最終的に何が現れるかを見たかった。『人間不平等起源論』は、まず奢侈や不平等の上に築かれた絶対主義は、それを取りやめたり是正したりするわけがないとしている。絶対主義は実際あらゆるものを大幅に悪化させ、そのことで崩壊、無秩序、革命、周期的・旋回的反復のタネを撒いた。スミスはこの可能性を目にして、それを防ぐことに分析の全エネルギーを注いだ。奢侈は絶対主義の地盤である。それだけに奢侈は捨てられず、廃止を望めもしない。だがひとたびそれがどう作用するか、それがいかに封建主義を滅ぼしたかを理解すると、それとどうつきあうかを学べるだろう。それを実行するには、ヨーロッパ経済の正確な経済的論理を適切に理解する必要がある。おそらく奢侈は封建的抑圧ばかりか絶対主義的覇権をも滅ぼせたかもしれない。スミスはヨーロッパの革命なるもの（本当にひどいものである）は回避でき、法文化と経済的繁栄の新時代を始めることが可能で、その条件は帝国主義と【110】ナショナリズムと軍国主義の精神とをヨーロッパから抹消できることだと考えた。この構想は、国際情勢をかなり重視している点も含め、ルソーのそれに近い。奢侈を滅ぼす必要があるとは言わない。それはただ馴致されるべきである。これをルソーは信じられなかった。つり合いある成長はスミスの理想でもあった。しかし彼なりのその実現手段は違っていた。ただこの話題は第六章で扱う。

注

（1）Kant, "Moral Philosophy," p. 45. カント「コリンズ道徳哲学」、『カント全集 二〇 講義録Ⅱ』御子柴善之・中島徹・湯浅正彦訳、岩波書店、二〇〇二年、一七頁。

（2）キュニコス派としてのルソーについては次を見よ。M. Sonenscher, *Sans-Culottes: An Eighteenth-Century Emblem in the French Revolution* (Princeton, NJ: Princeton University Press, 2008), pp. 134-201.

（3）Smith, *Theory of Moral Sentiments,* IV.1.10. スミス『道徳感情論』水田洋訳、岩波文庫、下巻、二〇〇三年、二二一～三三頁。

（4）Ibid. スミス『道徳感情論』下巻、二四頁。

（5）Ibid. スミス『道徳感情論』下巻、同上。

（6）Ibid. スミス『道徳感情論』下巻、同上。

（7）Rousseau, "The State of War," in *The Social Contract and Other Later Political Writings,* ed. V. Gourevitch (Cambridge: Cambridge University Press, 1997), p. 165. ルソー「戦争状態は社会状態から生まれるということ」宮治弘之訳、『ルソー全集 第四巻』白水社、一九七八年、三七一頁。

（8）Ibid., p. 168. 同上三七五～六頁。

（9）Ibid., p. 169. 同上三七六頁。

（10）Machiavelli, *Discourse on Livy,* bk. 2, chap. 4. マキァヴェッリ『ディスコルシ――「ローマ史」論』永井三明訳、ちくま学芸文庫、二〇一一年、二九六～三〇四頁。

（11）Rousseau, "State of War," p. 169. ルソー「戦争状態は社会状態から生まれるということ」、『ルソー全集 第四巻』三七七頁。

（12）Ibid., p. 170.『ルソー全集 第四巻』同上。

（13）Rousseau, "Second Discourse," p. 167〔168の誤りか〕. ルソー『人間不平等起源論』本田喜代治・平岡昇訳、岩波文庫、一九七二年、九七頁。

（14）Sieyès, "What Is the Third Estate ?," pp. 94-95. 134. シェイエス『第三身分とは何か』稲本洋之助・伊藤洋一・川出良枝・松本英実訳、岩波文庫、一九五〇年、一四、一五〇頁。
（15）Richard Cantillon, *Essai sur la nature du commerce en général*, ed. H. Higgs (London: Macmillan, 1931). リチャード・カンティロン『商業試論』津田内匠訳、名古屋大学出版会、一九九二年。
（16）Rousseau, *Lettre à Christophe de Beaumont*, Œvre complètes IV, ed. B. Gagnebin and M. Raymond (Paris: Gallimard, 1969), pp. 935-6. ルソー「ジュネーヴ市民ジャン＝ジャック・ルソーからパリ大司教クリストフ・ド・ボーモンへの手紙」西川長夫訳、『ルソー全集 第七巻』白水社、一九八二年、四六二頁。
（17）Rousseau, *Émile*, bk. 1, OC 243, p. 161. ルソー『エミール』今野一雄訳、岩波文庫、上巻、一九六二年、二三頁。
（18）Rousseau, *Confessions*, bk. 8, OC I,389, p. 326. ルソー『告白』桑原武夫訳、岩波文庫、中巻、一九六五年、一七五頁。
（19）Rousseau, *Émile*, bk. 1, OC 243, p. 161. ルソー『エミール』上巻、二三頁。
（20）Alexander Pope, *An Essay on Man* [1733/34], *Poetical Works*, ed. Herbert Davis (Oxford: Oxford University Press, 1966), epistle I, 294: epistle IV, I, 394. ポウプ『人間論』上田勤訳、岩波文庫、一九五〇年、三四、一〇九頁。
（21）Rousseau, "Letter to Voltaire," in *The Discourses and Other Early Political Writings*, p. 234. ルソー「ヴォルテール氏への手紙」浜名優美訳、『ルソー全集 第五巻』白水社、一九七九年、一四頁。
（22）Rousseau, "Second Discourse," pp. 148, 159. ルソー『人間不平等起源論』六四～五、八三頁〔なお原書 p. 148 は該当箇所不明。p. 167 邦訳九六頁にも「完成」の議論がある〕。
（23）Rousseau, *Émile*, bk. 4, OC 529, p. 394. ルソー『エミール』今野一雄訳、岩波文庫、一九六三年、中巻、六六頁。

第六章　経済学——ナショナリズム、競い合い、戦争

6

POLITICAL ECONOMY

NATIONALISM, EMULATION, AND WAR

【111】本章は比較史的な構図のなかに経済学political economyをめぐる議論を導入する二番目の章にあたる。ルソーとスミスの人類史やヨーロッパ史は脇に置き、彼らがどう自らの時代を論じたかに目を移す。両者にとって当時の政治には経済問題と、それに密接に関連して戦争問題が含まれていた。彼らの観察では、商業の理論は商業が戦争を減少させるだろうと示唆するが実際には減少させずに増大させた。戦争はルソーとスミスの思想のなかで大きな比重を占める。彼らが知的創造において最も多産だった時期は七年戦争〔英仏七年戦争、一七五六〜六三年〕と一致する。対外関係、そしてとりわけ対外経済関係が彼らの時代の政治思想の主な部分をなした。永久平和についてのカントの有名な試論はフランス革命期に発表されたが、多くの点でサン-ピエール師が示したヨーロッパの平和案に関するルソーの著作にカントが直接コメントしたものであった。ルソーはガブリエル・ボノ・ド・マブリ師の依頼でそれを引き受けた。マブリ自身は近代ヨーロッパの外交や条約締結の歴史を書いた人であった。ルソーはモンテスキューをよく読んでいたが、サン-ピエールも熟読していた。ルソーは直近の著述『ポーランドの統治についての考察』で自らが支持するような統治を説明したときサン-ピエールの**ポリシノディー** *Polysynodie*〔複数会議制〕にふれている。これはサン-ピエールがルイ一四世の治世に続く摂政時代に提出した統治改革の実験的立案であった。【112】それは連邦単位で機能する専門的評議会または政府機関のネットワークである。ルソーの読者の多くは何を指しているかを理解し、この手の統治はルソーの考案したものではないと考えていた模様である。彼らはルソーが一八世紀ヨーロッパの各種の改革案をひと通り検討してみていると考えた。ポリシノディーとさして違わないシステムが実際プロイセンとオーストリアで一七五〇年代に実施されていた。こうした文脈の諸問題に目を向けると、ルソーはしばしば考えられているよりはるかにオリジナリティがない人に見えてくる。反対に、この文脈を知らないと、彼の真のオリジナリティの所在がわからなくなるだろう。

ルソーもスミスも今日の国際関係論の用語ではリアリスト〔現実主義者〕と呼べるだろうが、特にルソーがそうである。強い国は機会さえ見出せばいつも弱い国を攻撃してきたと彼は述べる。近代国際社会では紛争と暴力が絶えなかった。スミスもルソーもユートピア主義者でも革命的思想家でもない。ともに受動的服従や主権の神聖性の観念に同意している。ルソーはホッブズ的な語り方で見解を示したが、スミスはプラトンの『クリトン』にふれ、革命と親殺しを比較検討している。両者とも革命が実際起こり、ときに頻繁に生じたと力説したが、それをただ体制崩壊という事実ととらえるのみで、抵抗権の喜ばしい帰結とは見なかった。

ルソーはロックの所有権論を使ったが、このことはその使用がどこか場違いなものになる一因である。バークリ主教はロックが抵抗について最高の本を書いたと述べたが、逆の見方がプラトンによって最もうまく表明されていると考えた。(1) ルソーはホッブズにふれ、スミスはプラトンの『クリトン』を呼び水にしたが、読者はやすやすとそれが二人の立場を示す印とだと解読できた。このジュネーヴ人もスコットランド人も適正な権威の理論家、別の言葉では法の理論家であった。これは国際情勢におけるリアリズムの立場とたやすく共存できた。スイスの自然哲学者アルブレヒト・フォン・ハラーがルソーを近代のカルネアデスと説明したとき、彼は自分が何をほのめかしたかを知っていた。(2) ルソーは近代世界がもっぱら権力行使によって左右されるので道徳的一貫性がなくなると一貫して考えていた。

【113】『国富論』第三篇でスミスは近代の国際的な力の政治が生まれた時点をもってヨーロッパ史を閉じている。封建制はその社会的・経済的基盤が奢侈のせいで朽ち果て、王も貴族も意図せざる政策ミスをし続けたので、自壊に至った。このグロテスクな政治秩序は遊牧的政体がヨーロッパのローマ的母胎に押しつけたもので、それが衰退すると平和で自由な近代世界が生まれるはずだったが、悲しいことにそうはならなかった。封建貴族の権力が抑えられたことで強い集権統治、同じことだが王室絶対主義がもたらされた。この変化は軍事革命と同時に発生し、二つの大きな帰結を生む。一つには、世界の他の地域に対するヨーロッパの支配が進んだ。これは〔他大陸の〕発見、

地理的拡大、植民地に関するヨーロッパの冒険の始まりの時代であった。スミスはこれがヨーロッパの台頭をもたらしたと記している（『国富論』ではこのテーマに入るときレーナルの『東西インドにおけるヨーロッパ人の定住と交易の哲学的・政治的歴史』[3]を敷衍している）。ヨーロッパではルネサンス以降、大陸市場が形成され、その規模はだいたい中国の沿海部の市場に相当する。これは中国におけるように良好な経済成長の基盤となる可能性が十分あった。ところが、発見とヨーロッパ人の造船、軍事技術の卓越によりヨーロッパは広大な外地市場も獲得した。その結果、目を見張るほど経済成長が加速した。グローバル化が経済のみではなく政治においても目を見張らせるような悪い帰結をいくつか生んだ。軍事力は急伸し、これに伴って国家財政の欠乏も急伸した。商業の収益力はヨーロッパ内地帝国主義という亡霊と、一国の覇権のもとでのヨーロッパ統一の可能性を浮上させた。これが世界王国という観念（世界または宇宙の盟主の地位をローマが要求したことをヨーロッパの国家建設劇場にあてはめたもの）が示したことである。中央集権的な近代君主政としての絶対主義はこの野望に向かう政治、行政上の手段となった。

この手の近代王国はイタリアの都市国家経済を手本にした（スミスが【114】イタリア共和主義理解の鍵は同地の都市国家が経済発展において大きな君主国より二〇〇年進んでいる点にあると考えていたことを思い起こそう）。封建制崩壊後のヨーロッパは国家間の経済的、軍事的競争が進む温室となった。これは経済的競争と軍事的競争の観念を融合させ、すこぶるひどい結果を生んだとスミスは続く議論で述べる。政治のこういう仕組みが重商主義である。経済面からいうと、国家とは消費者の共有物 commonwealth〔直訳は「共富」〕である。商人階級は国家に進言し、輸出産業の代弁者を演じるが、それは国民のなかの小部分なのである。商人は利益を欲し、政府は大きな軍事予算を欲し、これらが相まって多数者に対して共謀する結果となる。それを可能にしているのは燃え盛るナショナリズムの巧みな利用である。スミスはこれを国民的憎悪と呼ぶ。近隣窮乏化型の攻撃的な対外経済政策が生まれる。これは初代シャーフツベリ伯がすでに貿易の嫉妬と呼んでいたもので、国益によって正当化される[4]。国民的憎悪と国益を装う特殊な経済的利害の結合こそが近代ヨーロッパの政治を歪めた、とスミスは述べる。彼は重商主義にあらゆる面で敵対し、封建制崩壊の歴史をたどる篇（『国富論』第四篇）では一七～一八世紀における権力、商業、帝国のこうした共生関係に大がかりな攻撃をしかけることに専念した。

スミスは戦争と貿易の論理を混在させると、誤った不効率な経済政策が現れることを示した。彼はこの有毒な混合からの撤退を支持した。この政策の組合せを継続すると、長い目ではブリテンを致命的に傷つけるに違いないからである。生き残りの可能性を高めるために、スミスは国家が市場への介入から撤退することを一貫して支持した。商人階級と金融階級が政府に進言しないことで十分だとは言えない――政府が経済介入で共通善が促進されると主張してもそこから全面撤退すべきである――という彼の有名な言明は、比較的特殊な文脈において登場した。

それは七年戦争中にフランスの反政府派が王国の政策に対して示した改革案をスミスが論じるくだりをなす文脈である。【115】ルイ一四世に敵対したフェヌロンのように、重農学派、または当時の一般的呼び名では**経済学者** *economists*〔仏英同形だがここはフランス語〕は、ルイ一四世の国家政策に対する有力な代案を出し始めた。同派を導く灯明であるフランソワ・ケネーは道徳面でフェヌロンの直系の子孫である。両者ともコルベールの産業保護政策の撤回を探ったからである。都市重視をやめてつり合いある経済成長のための長持ちする枠組を確立すべく、農業を国の基盤として立て直す必要がある。スミスがヨーロッパでは発展パターンが逆行的（都市主導）になっていると理解していたことはすでに述べた。ここでは腐敗したヨーロッパに対するスミスの批判のもう一つの面を強調したい。

スミスは、正直なところ人類史において健全な発展など一度もなかったと論じた。この観点からはケネーの医学的見解――スミスは彼をきわめて思弁的な医者と呼んでいる――と、社会の病を癒すという大望は誤りで、それゆえ生産的ではない。コルベールは自分が望むものは多少とも実現したが、その反対者や批判者は政治の舵を少しでも握る機会があったとしても倒錯的な結果を生み出しただろう、とスミスは言う。彼から見ると、人類の腐敗した主人（支配者）たちは政治改革論者が念頭に置くべき唯一の標的ではない。彼は改革を望む者たちの妄想をも批判した（ドイツ人はこの手の人たちを**狂信家** *Schwärmer* と呼ぶ）。啓蒙の企てなるものがたとえあったとしても、スミスはその熱心な敵であった。どの政府にもあらかじめ胸に抱いたつり合いある成長のモデルにヨーロッパ経済を安全に合わせるのに使える十分な人間的知識はないと彼は言う。歴史は複雑で、国民経済の体系 **national systems of political economy** は大きく、完全な体系など一度もなかった。それがあることが経済的、政治的成功の要諦をなす前提条件なら、ヨーロッパはその近代的条件に手が届く所まで達することはありえなかった。スミスはおそらく『国富論』のなかで最重要な文章の一つにおいて告げる。「ある国民が完全な自由と完全な正義を享受せずには繁栄できないなら、これまでに栄えることのできた国民など世界中になかったことになる」(5)。理論的尊大の影響下に行為しないことが重要だが、さらに重要なのは、理論的空想を実行に移すために近代国家の絶対的権力を使わないことである。最も危険なのは、思想の人々たる経済学者 - 哲学者の理論的傲慢と【116】行為の人々たる政府の政治的傲慢の提携である。ヨーロッパ経済のつり合いを正すというルイ一四世以降のフランスでの偉大な企図は打ち棄てられるべきであった。スミスは宣言している。「主権者は……ある義務を完全に免れる」べきである。「それは彼が実施を試みる際に決まって数えきれないほどの迷妄に晒され、適切に行おうにも人間の知恵や知識が決して十分でありえないような義務である。私人の精励を監督し、社会の利益のために最もふさわしい用途にそれを向けてやるという義務である」(6)。最後の句「社会の利益」とは適切な順番に配されてつり合わされた成長、農工間がつり合った制度的枠組を確立したいというヨーロッパの経済的な夢に特にふれたものである。

スミスはこの案の支持者の考えが危険、倒錯、意図せざる結果に至り着くとみなしたが、彼らはこうした国にとって経済成長の枠組を提供するのは絶対的義務だと考えた。上述のとおり、ルソーも農工間の不つり合いがフランスや近代君主国全般の腐敗のまさしく核心部にあると見た一人であった。同じく明らかなのは、ジャン-ジャック・

ルソーは尊大な改革派の一人ではなかったという点である。彼は強い規制的権力に利点を見出すこともあったが、治療法が病より悪いと考えていた。『百科全書』に彼が寄せた項目「経済学」を編者ディドロはルソーが書くよう依頼された戯言だととったが、それは国家の経済が国民的世帯 national household、つまり家政 *oikonomia* のようだとの考えから幕を開ける。これは伝統的な家族 family、家 *oikos* に似ているが、それよりも大きい。伝統的には世帯は父や主人が治め、彼らは家族なり徒弟を含む従者なりに対して責任をもった。ところが国民的世帯には真の集団的な父や主人がおらず、選任された父の役割は脱人格化されているわけだが、ルソーはこの解決法をまさしくカテゴリーの問題として否定した。国民の父をつくり出すという解決法をとれば専制化をまねがれまい。ルソーは国家に経済介入の権限を与えたがったが、こういう権力は〔事後的な〕修正のためだけのものであって、計画的改革のためのものではない。ルソーは租税国家、すなわち税を主に奢侈の防壁としての社会工学の道具として使う国家を望んだ。この論点に手短に戻るつもりだが、まずはルソーが抱いた【117】国民的世帯を単一世帯の大規模版というよりは世帯の連合体と見る考えが、機能上はスミスによる政府の経済管理からの撤退要求と同等であることを示したい。この連合体の経済的側面が世帯間の市場である点を理解することが大切である。ルソーは経済的原始主義者ではない。当の世帯は互いに、また適切ならば他国民と交易する経済的余剰をもつだろう。一世帯がひとたび二世帯分の必要を満たす生産を行なえるようになると、交易が行なわれる。生産すべきもの、交易の仕方等の決定権は各世帯が握ったままである。可能性や機会についてはその家長が一番よく知っているからである。彼らの知識や行動こそが経済の形を定める。彼らが政治的、道徳的に関与することが彼らの自己 identity の一部をなす。家長はこういうものさしで所轄事項を管理すればよいが、ルソーによると国民的単位で彼らの知識に相当するものはない。さらに敷衍すると、国民単位での相当物をつくる必要もまるでない（こうして一八世紀半ばのジュネーヴのルソーがわざわざサー・ロバート・フィルマーを論難した理由は十二分に明白となった）。

ルソーは経済的世帯についてかなりの量を書いた。彼の最も有名な小説『ジュリー、あるいは新エロイーズ *Julie ou la Nouvelle Héloïse*』ではジュリーとウォルマールによる世帯管理を詳しく描いている。ダランベールが『百科全書』で示したジュネーヴ観に反論した論争的な小著では、スイスの後進地域ヴァレの社会と経済をともに描き、そこに若いころジュラ山中にある時計職人の共同体と出会った経験を絡ませた。ジュラはヌーシャテルに近く、当時はスイスのプロイセン系の町であった。同地域の住民は大家族と農場に住み、互いにあまり近くも遠くもない距離に住んだ（自尊心を制御する程度には十分な社交があったが、濃厚すぎはしなかった）。彼らはかなり知識が豊富で学ぶことに好奇心も示し、職人的な工芸生産ではかなり高水準の洗練に達していた。労働を分業せず、技術理解を世代から世代へ口承で伝えたが、それでもなお知識に根ざして専門分化した商業社会では後衛に位置した。彼らの製品は地元で消費されたわけではなく、交易する必要があった。ルソーはジュネーヴが腐敗傾向にあると描写した。それは基本的に職人と銀行家の共同体であった。富者と貧者の間に区別はあり、貧者が住んだのは【118】過密な（社交がある）環境の長屋で、ルソー自身も子供のころはちょうどそういう所に住んでいた。ここでは社会のつり合いを保つために税の必要がきわめて高かった。

ルソーにとって税はつり合いある成長を実現して奢侈を抑えるための社会的道具であった。彼はモンテスキューが『法の精神』でこの点について記した考えを知ってそれを修正した。ルソーは農産物をつくる人たちが課税されないよう望み、各地の市場で売られる食品に売上税が課されているのを見ることをかなり嫌がった。彼は欠乏期の公的給付に熱意を示した。ルソーはスイスや南ドイツのヴュッテンベルクにいる同時代人の大半と同じく、飢饉防止のため共同体の穀物倉庫を使うことに賛成した。アダム・スミスが賛成しなかったことは有名だが、それは穀物が盗まれたり、別の仕方で管理に失敗すると考えたからである。ルソーはジュネーヴ人、スミスはスコットランド人で、別の社会的経験をしていた。ルソーは各人の富に応じて課税する累進的な地方税を支持し、他は気ままな消費や奢侈財消費に対する売上税のみとすべし、とした。モンテスキューは奢侈が幾何級数的なペースで進むと論じたが、(7) ルソーは彼に文字通り従って乗数的効果に関するこの診断に賛成し、奢侈品消費に対する幾何級数的な累進課税を支持した。ただ貧民のなかには見るからに貧しい状態よりは空腹を選び、このため体面を保とうとして奢侈品にお金を使う人もいると知っていた（スミスもよく似た趣旨の議論をかなりしている）。にもかかわらず、奢侈品に対する累進消費税（贅沢規制法では**ない**ことにご注意願いたい）は彼なりのよき国家像の本質的部分をなす。一般意思は不平等の蔓延を制御するためにあるが、税は一般意思をその一般的で日常的な作用で助けるように用いられてもいる。他の税金の必要は実務上国家の積極的必要全体に及ぶが、ルソーとしては財による、また全国的強制労働 **a national corvée system** を導入した労働供出による物納税を支持した。この考え方は、国民単位の世帯に住む市民の税を金納化することを絶ち、公的部門の賃金を住民のなかで共同体の必要に直接仕える人たちに支払うことを回避するというものである。スミスは当時のイングランド人やスコットランド人に警告して、物納税は封建期の特徴、経済の貨幣化以前の話で【119】上層階級が奢侈的消費を支持する金納税を導入すると廃れたと述べた。ルソーは強欲な封建的農業経済を描かず、進歩したスイスの国家を描いたが、金納化以前の課税方式の再導入をためらわず勧めた。その方が貨幣的課税よりも管理しやすいからである。全国的労役提供には、民兵制を補う愛国教育の手段という意図も込められていた。後に彼は同じ手法をポーランドに勧めた。同国には貨幣経済がない地方があるからというだけでなく、貨幣経済の勃興を防ぐためでもある。ポーランドには封建領主、農奴、強制労働があり、スイス的な仕事倫理はない。ルソーはポーランドの封建制、経済や社会の後進性を廃するという問題に向き合ったのだが、ここでは素人同然であった。

　解放された農奴はよき市民、共和国への勤勉な納税者とならねばならないので、ルソーはポーランドの農奴たちのよき行動や懸命な労働に対して賞を授与することで競争を促せばどうかと提案した。こうして仕事倫理を育てることを目指すなら、それに与えられる賞とは自由身分化であろう。農奴は自由を得るために長期にわたって最良の行動をとると思われ、そうすると遅々としていても順を追って解放されるだろう。ポーランド農奴制はゆっくりと消え、住民は奢侈を見下して勤労をほめる文化を手にするだろう。スミスによると、貨幣化による自由身分化に一連の意図せざる結果がもたらす奢侈が手を貸すことが昔のヨーロッパの発展類型だったが、ルソーはあらゆる犠牲を払ってそれを避けようとした。

彼はポーランド貴族の参加を含む改革案を出した。これには自由身分化後に根深い不満をもつ下層階級を出さないようにとの意図があった。ルソーの狙いは資本主義による損壊を避けるために貧しい原始的停滞のなかにあるポーランドをつくることではない。愚かな自尊心や奢侈追求が手綱なしに君臨すれば、ポーランドはヨーロッパの力のゲームのなかでなおもう一つの腐敗せる競争者に変わることに成功する。ロシアは明らかにそれを試みていた。ルソーは救われたポーランド共和国は活気に満ちて栄える地となり、各市民（自由身分化を勝ちえた農奴だけではない）は懸命に働いて男女とも自らの義務を果たすに違いないと考えた。強いポーランド経済が存在すべきであり、それは国民の自己維持を目指すべきであった。社会・政治生活の背後にあってそれを動機づける力は、あらゆる面での自尊心、知識生産、革新、生産的努力、大規模消費たるべきだった。しかしいずれの場合でも【120】動機づける力は能力と欲求、知識と欲求が協力しつつ成長する場として健全な多様性をもつべきである。奢侈を愛するフランスの啓蒙哲学者 *philosophe* のみが、ルソー的社会とは禁欲的な托鉢修道士のように暮らす市民の世俗的修道院をつくることに躍起になっている狂信家集団を思わせるものだと考えるのだろう、とルソーは記す。他のどこよりもポーランド論において、モンテスキューの君主政に対するルソーの代案がどういうものかが明らかにされている。彼も自尊心の複合的性質を引合いに出しており、ある種の利己性が別のそれで牽制されるモデルをつくっている。しかしルソーの場合、卓越を目指す拮抗の追求は偽の名誉ではなく真の名誉に根ざしている。彼はここで精神の戦場における武勇をもってこない。むしろ経済的、市民的卓越を目指す競争的追求活動を重視する。彼の制度デザインの論理に従うと、これは偽の名誉の追求に転じる可能性はない。貨幣化して買えない以上、それは奢侈の素材になりえないことを意味するからである。経済学的に見て、ルソーにとって貨幣は彼が読んだロックなどの理論家にとってと同じく、自尊心と不平等の危険な結合の鍵を握っている。名誉についてのルソーのとらえ方は、努力や精励の競争における真実で有用な達成に関わるものである。卓越に向けたこういう競争的探求を彼は競い合いemulationと呼ぶ。腐敗した国は二度と心の平等に戻れないとフェヌロンは教え、サレントゥムに能力制規定――才能と働きに応じた身分制で、服装規定によってはっきりと視覚化されている――をつくったが、ルソーはここで彼に従っている。ルソーは同様に、ポーランドが階層化され風通しがよく十分組織された名誉の社会になるよう望んだ。ルソーはポーランド人のために行き届いた競争、運動、制服、功績を示す装飾勲章がそろっている様を描いた。ルソーの有徳なポーランド経済では、市民の達成に名誉勲章が授与され、それは種類の違う金属でできていて、能力制の階層秩序のなかでその人の位階を示す刻印が入っている。このシステムの終着点は、競い合いの心理的エネルギーを国民的な技術と農業の改良の源泉にすることである。改良に向かう社会は、平素から競争を組織し、名誉を求めて健全に前進したいという市民の欲求を強めるよう期されている。共和国の目的は有徳な貧しさではなく、全市民が正直に働くことに根ざして全市民が正直でよき生活を送ることである。消費は伸びてかまわないが、それは市民の間に公平に行き渡り、不平等が裏口から入り込まぬよう注意深く課税されるだろう。ルソーは他の著述の一部で【121】経済改良の最も有徳な政策にさえ見られる落し穴に関心を寄せた。モンテスキューと同様に、彼は機械が嫌いである。例えば鋤を一対の牡牛より効率よく引っ張る方法の利点を認めるくせに、牡牛が減ると都市貧民が消費のために入手する安い牛肉も減るので肉の供給不足になり、菜食的で乳糖豊富な健康食で相殺する必要があると懸念している。

これは健全な国を下支えできるような市民社会である。こういう文化に育てられた人々は一般意思の人的素材をなすだろう。しかしポーランドはジュネーヴのような都市国家ではない。ポーランド共和国は君主政的でも代議制的でもあるべきであった。競い合いを行ない、名誉で束ねられた農業改良協会からなる市民社会なら、議員選出に腐敗がないように保証しえた。かぶら農家の能力制的騎士も、地元の愛国的な改良協会から指名されて政治的位階を引き上げるのにもってこいの物をつくった。彼らは一歩一歩進んで能力制の各位階を昇っていく段階的昇格によって選挙の候補者群をなすだろう。社会に階層秩序が何もないのは、地位を追う者の奢侈好きな想像力の範囲内で自己昇格の狂想曲を作るようなものだとルソーは考えた。人間精神は序列と夢を求めるので、制御が効いて規律のある形で機能するには冷静にさせる必要がある。仕事に基礎を置く共和国では市場が生産者と消費者を直接結びつけ、仕事で成就した名誉は政治的キャリアの真正な基盤であった。ルソーにとっては主権をホッブズ的な意味で代表することはできないが、代議士のピラミッドは広大で人口の多い国を包摂するように建設できた（二つの代表概念は同じではない――ルソーのそれはヒュームによるイングランドの理想的共和国のように準ハリントン的な方向に沿ってデザインされている）。大きな共和国は小さな各地方の共和国の連合体たるべきで、全国議会は地方集会に基盤を置くべきであった。立法部や主権者ではなく政府がポリシノディーたるべきだとの考えのように、地方議会やそれに類する地方の協議単位への関心がヨーロッパの政治的言説では標準的な考え方なのであった。

ポーランドのためのルソーの構想にオリジナルなものはほとんどない。それはむしろ当時の人に、彼が他の誰もと同じ政治思想の蓄積に頼って書いたのではないかとの疑いを強めさせた。特記すべきは、彼が設計案を他の人より制御力あるものとし、目的遂行の細目に尋常でない一貫性を保った点である。それは名誉を志向する労働と【122】連邦政体――その主権は代表されず、一貫した権力分立制度に基づく政府を戴く――において発生する革新で牽引された健全な市場経済である。ルソーの案にはかなり特記すべき点が二つある。一つには、弱い執行体の問題や、それに伴って出てくる意思決定における準無統率状態という問題への反論をはっきり意識している点である。彼は効力ある政府を設計しようと骨折っていた。第二に、イングランドの過ちの回避を狙っていた点である。腐敗した立法部というものが同国の運命で、むろんルソーはそれをモンテスキューから学んでいた。このため彼は三部会の回数の増加と、命令委任 imperative mandate〔一定の成果を条件に代表させる〕を望んだ。主権をもつ集会は原理を定める仕事に専念するので、柔軟性を欠く命令委任でも完全に良好に機能しえた。議会は柔軟な大権も緩い定義の執行権も必要としなかった。これらは政府のみの問題であった。ルソーによると、こうした考えは彼が『社会契約論』で取り組んだ原理と同じである。このことに驚いた人たちは同書を再読し、しかも最初より注意深く読んで、多くを学んだ可能性がある。シェイエス師や多くの同時代人がルソーの一世代あとに死後ただちに刊行された著作集数巻のなかでポーランドについての本や『言語起源論』を読めるようになると、ちょうど同じようにした。これらの思想家は確かにルソーの追随者だが、そのルソーとは、後の文献が描いたような、近代のディオゲネスになろうと意気込んで物理的人間の自然的善への回帰を夢見つつ小国の徳の幻を追う人物とは異なる。田舎の改良協会のお偉方は、それをもっていると、優れた養蜂家、時計職人の親方、それからまた地元民兵の隊長、慈善団体や学校の管轄者（その他ではルソーのスイス時計製造技術愛もある）だとわかるような、銅や銀のバッジを熱心に欲しがるが、そういう革新の精神に先導されることをルソーは弾劾しており、それを読めば彼が投げかける根深く一八世紀的でスイス的な世界観が十分わかる。革新的に優れた農民の守護者で、田舎のソクラテスに関する言い伝えのなかでのスイス人の英雄クラインヨク Kleinjogg をルソーは愛した。[8] 彼はイングランド、スコットランド、アイルランドにいるような紳士というよりは小作農で、ソクラテス的市民にして一般意思の担い手である。【123】これは現実に富と徳にたどり着いた道であって、混雑して不健全で奢侈好きで間違った輝きをもち、社会変動が容易に見える広大なヨーロッパ諸国の主要都市の都会的経済を見倣ったものではない。比較に伴って出てくる羨望や、この手の措置をとるよう促す国民的偉大への欲求があるなかで、ルソーは必死の手綱さばきを望んだ。健全な国民は病んだ自尊心ではなく、競争的だが心優しい自尊心を一様に求めた。

今やスミスに立ち戻ろうと思う。思うに、最も適切な〔ルソーとの〕比較の視点を与えるのは、彼の外国貿易論である。私たちは誰しも、彼を重商主義、すなわち社会は貿易で豊かになるはずだという考えに対する決然たる敵と見ることに慣れている。そのほか一般に、また同じ論調で、スミスは生産に注意を集中したと論じられもする。これは本当かもしれない。だが次の問いも問う必要がある――どの市場のための生産なのか。国内市場のみか、それとも外国または世界市場向けの生産も入るのか。彼が輸出貿易、すなわち他国民の消費者向けの生産に本当に熱意を傾けたと理解することは重要である。彼は国際経済競争について、また輸出競争力をつけて保持し、可能なら永続させる戦略について大いに、また深く考えた。スミスが国民軍や政治権力を用いてこの目的を達成するのに同意していたら重商主義者であったことになるが、この選択肢を毅然と拒み、またイングランドの政策を荒々しく攻撃したのに議会でかなり好意的に扱われてとても驚いた。『国富論』が適切に読まれていないのではないかと最初に疑ったのは、おそらく彼であった。目立った例を一つ挙げると、スミスは国の輸出を底上げするのに植民地開拓の方式を使うことに反対だった。これでは競争力が身につかず、むしろそうするのを先延ばしにする。従属させた市場の需要を満たすのは易しいが、それは没落に向かうレシピになる。粗悪品を格下の国に無理やり売る国は、必ず怠惰で不効率になるものである。自分の市場を求めて闘うしかないしぶとい競争者は早晩ブリテンを凌ぎ、かつては誇らかだった帝国と工業の力はそのときに以前の位置に戻るだろう。昔の帝国の愚の帰結として国際経済競争に取り残された中型のヨーロッパ国民という位置に戻るだろう。スミスはこの予言によってまさしく彼が正しいことを証明した。

スミスは、帝国を空ろにする政策ではなくブリテンのためになる国際的な競い合いの理論を構想した。ルソーは世帯が連結された市場と名誉を渇望する改良協会を論じたが、これらは経済の国内的モデルを示し、彼の政治学の枠組が一国的であることを忠実に映していた。【124】ルソーにとって名誉のための国際的な競い合いは理解可能だとしてもあまりに危険すぎる。それは燃え盛る制御不能の国民的自尊心の発端となるに違いない。ルソーの競い合いの概念は自国消費のためのものであった。スミスはそれを国際的な闘技場に移そうとし、そのことで完全に誤解されかねない所にかなり近づいた。実際、彼の本が自由貿易を目指す帝国主義の古典的典拠 *locus classicus* になったことを私たちは知っている。それでも彼が支持したのが国際競争 competition ではなく国際的な競い合い emulation だと見分けることは大切である。後にこの定理の構造を、よき経済ナショナリズム〔おそらくよき経済的国際主義とした方がレッテルとしてはよいだろう〕を生み出す古典的事例、または建設的で前向きの国民的自尊心——人類愛に根ざす国民的憎悪なき競争——の事例として見る必要がある。この用語法が相対的に認知されていないのは、それが一七八九年の『道徳感情論』最終改訂版〔第六版〕のみに見られ、もっと有名な『国富論』にはないこと、またそれがスミスが以前行なった国際貿易の分析ではなく愛国主義の実践倫理の分析に含められていることによる。しかしこれを明確に理解したければ、まずそれがなぜスミスの体系では選択肢の一つではなかったかを知る必要がある。

ルソーは良好な外国貿易に反対しなかったが、貿易が道徳面で有害になるか競争の観点から困難になれば切り捨てるという意図であった。彼は活発な自国市場と必需品の国民的自給を望んだ。外国貿易は奢侈品が対象で、それだけに実害なしに切り捨てられる。ルソーは基本的に閉鎖的商業国家論者で、それは武力によろうが貿易によろうが国家が対外拡張すべきだとの考えを彼が認めなかったことを意味する。つり合いある成長という彼の考え方は、どの男女も自分の労働という形でもつ所有権の神聖に基づく国内成長であった。

スミスは彼が愛国主義をとって徳に献身したことを疑う人すべてに難色を示した。しかし彼にとって外国貿易はヨーロッパが近代性に向かうためにとった逆行的経路の鍵を握る要素であった。また彼は財政金融革命の副産物にも対処する必要があった。ヨーロッパでは貿易が伸びると、貨幣（実務に要する〔国際決済用の〕正貨）の必要も増した。物の不足と不便を解消するために紙券貨幣の導入を余儀なくされた。スミスはこの変化を真の革新として歓迎したが、一八世紀の近代国家の軍事・商業複合が自己の目的のためにこの新たな貨幣装置を乗っ取ったことも認識していた。これは公債問題としてよく知られる戦争資金捻出の新機軸で【125】、初めルネサンス期イタリアで導入され、後にオランダ共和国でも用いられた。一七世紀末以降、それは権力に飢えたヨーロッパの各君主国で戦争資金捻出の格好の道具となる。初期近代共和国の政治の目玉を大国も順次借用したからである。ヒュームは公債に宿された世代間公正に対する裏切りをかなり憂慮し（それは将来税収の際限なき前借りによる支出に道を開く、またはヒュームの言葉では、後代に手形を振り出すことであった）、それを避けるために自発的な国家破産を支持したほどである。(9) 国家が共和主義に近づくほど債務を返済しにくくなる。国家借入の大半が自国市民からのもので、国は市民の利益や財産を守るよう期待されているからである。ヒュームはフランス君主政が破産宣言をするよう望み、一七六〇年代のあるとき、後に枢機卿になるロメニー・ド・ブリエンヌが自発的王国破産論を抱いていると噂されたために、彼がフランスの宰相になることを望んだ。絶対主義的国王主権にある一つの大きな利点は、臣民の所有権を覆すことに相対的な自由をもつ点である。ヒュームはこの権利が一度限り理に適う目的に使われることを望んだ。スミスも債務はそれを平時の手段として取り込んだ国を最終的に滅ぼすだろうと考えたが、彼にとってヒューム案は完全に非現実的で危険であった。正しい代案は理に適った対外政策で、これはブリテンが航海法で保障された海洋国であり続けて（スミスは同法を真の共和主義の精髄にして、これまでイングランドの救いであったと見ていた）、それとともに外国の陸戦に介入せず、ヨーロッパの勢力均衡には対岸の仲裁者としてふるまい続けることを意味した。スミスはこれら二つの活動の資金が外国貿易の利益から得られると考えた。重商的利益を取り込んで、戦時に必要とあらば緊急の権力を用いるのである。むろんこの考えは国際貿易が中立性の支配のもとに人類の偉大な商業共和国で生じ、商業は交戦中でも行なわれうるものと想定している。さらに大蔵省が緊急時に商人から受け取る紙券信用という道具は世界の偉大な商業共和国の銀行家に金銀の現金に引き換えてもらえると想定している。(10) 誰かがどこかで、いつも【126】ブリテンの為替手形を現金と引換えに買おうとする。世界の金準備全体を比較的直前の事前通知で利用できるとも考えていた。スミスも熟知していたが、戦争は紙券貨幣だけでは賄えない。紙券通貨の価値はこの競技にその国が勝つか負けるかの運をめぐる人々の意見次第だからである。最後に、商人利益が潤沢と想定するのは、国にとても競争力があって、容易にもち運べて世界で需要される輸出品があることを前提している。スミスがこの政策勧告を書いたとき、ブリテンはこうした貿易を行なっていた。中部を拠点とするボタン産業やおもちゃ産業は工場段階で機械も専門的分業も用いていた。そこでは安くて相対的に画一的だが質は高い製品が作られ、それは大いに運びやすくて相対的に競争相手は少なく、多くの国々の消費者が買い求めた。こういう形の輸出力がなければ、ブリテンの防衛を賄う国民的収入などなかっただろうし、公債削減に向ける収入はさらに少なかっただろう。だとすればスミスはヒューム、ルソー、カントその他が終わった所で終わり、破産か永久平和かという夢を見ていたことだろう。彼はどちらも信じていなかったし、実を言うとルソーもヒュームもカントも同様であった（しかしこれは別の話になる）。

別の選択肢としては、閉鎖的商業国家になるというものがあった。スコットランド人のジャコバイトであるジェイムズ・ステュアートがこれを支持し、少し後にはドイツの哲学者フィヒテが支持した。(11) ルソーはポーランド、コルシカ、スイスに関してこれを支持したが、フランスやイングランドに導入できる可能性は示唆しなかった。それらは失われた大義だが、フランスの社会問題をめぐる周期革命、帝国政策や市場政策をめぐる戦争に関する彼の予言に現実味があるのは、その背後にこの可能性が控えているためであった。スミスも定常状態について書きながら閉鎖国の考えをもてあそんだが、ここで論じるには複雑すぎる。

【127】彼の輸出戦略には、むしろ産品の長所によって勝てる開放的商業国家が必要であった。その競争では価格要因が決定的となる。市場を維持するには競争的価格で産品を提供しなければならない。価格は主に賃金で決まると信じられていた。高賃金は国民の幸福の印、ある国民の相対的平等の指標であった。しかしそれは不可避的に競争力が低いことも意味した。ここに永続的に経済的偉大さを保つことの不可能性という亡霊が視界に浮上し、それは永続する軍事的または帝国的偉大の可能性自体がありえないとすることが当たり前になったのとまさしく同様である。スミスは解決の鍵が機械の使用、労働工程再編による生産性の向上にあると信じた。賃金は生産性の成長で相殺されれば高止まりしうる。工場から生み出される膨大な量の製品がどれも安く、一律に高品質を保ち、その一方で利益や賃金の総額が大きいままだということはありうる。この解決法は、スミスの頭のなかでは、低賃金国が貧しさゆえに賃金と価格が低水準にとどまり、そのことで当面は競争力を保てるというだけの理由で先進国に伍して競争できるのではないかという恐れを一掃する。ルソーはたくましい貧国が、女々しくて奢侈に溺れた富国より軍事的に優位に立つという神話になおしがみついた。これは奢侈こそがローマを没落させ、ゲルマン部族軍の侵略によって滅亡を招いたという考えから直接に出てくるものである。しかし新たな脅威は、奢侈的な国民は、より貧しくて乏しい国に競争相手として出会ったときに輸出貿易で敗れかねないという点にあった。『国富論』はこの考えを退けた。だからこそ同書は機械や分業における専門分化を力説して幕を開け、近代の国際的闘技場での経済的成功の鍵を握るものとして生産性を賞揚するわけである。

ブリテンは複合国家で、一つの富国と三つの貧国、ウェールズ、スコットランド、アイルランドからなる。アイルランド人はイングランドと競争できるという信念の国民的信仰箇条を初めてつくった国民である。イングランド人はそう思ったので、イングランド国家はアイルランド経済を残忍にも傷めつけ、おかげでスコットランド人は恐れて一七〇七年にイングランドとの共通市場に自分から加盟したのであった。スコットランド人は初めてオランダ型の中継貿易モデルを採ることにし、この実験場として現在のパナマ運河地方を選んだ。それは政治的に経済的にも失敗した。イングランド、スペイン両国の利害とぶつかったからである。【128】その結果、世界初の合意に基づく自由貿易圏が形成された。一七〇七年のイングランドとスコットランドの合邦である。

スミスが描いたような重商的体系がゼロサム・ゲームだとしても、自由貿易がその対極にあるのかは不明である。この問題に伴う困難についてのスミスの立場が格好の事例となる。一世代または二世代後のフリードリヒ・リストは、スミスがイングランド‐スコットランド‐アイルランド‐アメリカの貿易にこだわりすぎたために独立国間の貿易の本質をつかみ損ねたと論じるに至る[12]。そうかもしれない。いずれにせよ、スミスはスコットランドにおける最大の親友で最も尊敬するデイヴィッド・ヒュームが富国と貧国の貿易についてのアイルランド的論理をイングランドとスコットランドとの貿易に当てはめ、富国・貧国間での産品の継続的移送や生産周期によって、より単純で賃金に敏感な〔生産に低賃金を求める〕産業が貧国の方に移転され、複雑で高付加価値の産品は富国をさらなる偉大に押し上げると述べているという事実にすでに満足していた。ヒュームはイングランドとの経済統合の作業がはかどらないことに苛立ち、この論理がもっと強力に作用し始めるよう期待した。彼がブリテンの没落を予言しているととった人は多いが、スコットランドがイングランドと同じくらいブリテンの一員だということを見過ごしていた。ヒュームは実際、一八世紀最大の恐れであり、おそらくその後二世紀にもそうだった世界貿易の独占という考えをめぐって、大がかりな議論を展開していた。この考えは、富国がますます富み、貧国がますます貧しくなるというもので、あらゆる意味でルソーの本音に近い論理である。ヒュームから見ると、競争によるこの生産移転のメカニズムが上の問題を解決するわけで、アイルランドの提唱者たちに賛成するものであった[13]。

モンテスキューから見ると、同時代のフランス人の多くと同様に、将来の欧州連合またはヨーロッパの平和とは、商業におけるイングランドの世界覇権を自動的に弱めることを示唆するので、彼は将来それができる土台として世界王国論を書き（ただし未公刊に終わる）、そこでこの考えを巧みに提示した。[14] 彼はこの理論——おそらく【129】アイルランド系〔フランス人〕の銀行家リシャール・カンティロンから借りたか、ボリンブルック・サークルに接触したとき学んだ——を既述のとおり一七四八年に『法の精神』とともに再刊した『ローマ史論』の第二版に盛りこんだが、自ら二回検閲を余儀なくされ、この危険な説を削った。フランス人にはこの物語の別の版が多い。ルソーをサン-ピエール師の道に引きこみ、共和主義的経済学 political economy でヨーロッパを代表する理論家と目されたマブリは、これがヨーロッパ各国民経済に悲惨な周期交替を伴う成長をもたらし、革命の危惧を常態化すると考えた。マブリの弟コンディヤックなど他の人々はヒュームの考えのなかに神の先見による正義という一面を見出した。これは富者が自らの地位を失うメカニズムではなく貧者が仲間に入るメカニズムであって、だからケーキに与って食べもする状態であった。そこでは富国が不吉な前兆を見出して出方を見直し、さらになお複雑で洗練された生産にいつも移行し続けて自国の優位を保つが、他国も同様に成長してもらい、最終的には富国と貧国の溝が埋まると想定されている。それなのにコンディヤックも閉鎖的商業国家理論の方に歩み寄った。北と南の産品をお互い交換し合うような補完貿易は、自然的な初期賦存が異質で特定地域にはっきりと最上の専門産業が分布しているためにまるで問題はないが、賃金水準の差や競争相手国の国内市場での価格戦争のために同じ産品をめぐって直接競争が生じるような貿易ならやめるべきである。それはあまりに世界平和の妨げになり、戦争と無秩序を生み出すに決まっているからである。流れが競争によって煽られると、世界国家が監視しない限り対処が難しくなる。これらの思想家は誰一人こういう怪物的な国が出現するとも望ましいとも考えなかった（フランス革命期に世界**ポリシノディー**を夢想したアナカルシス・クローツのような奇妙な例外もあった。これはモンテスキューとスミスがコメントしたグローバルな商業共和国に相当する政治的世界共和国である。クローツはジャコバン派の考えにとって危険なこういう準閉鎖的価格統制国家という競争者を示唆したため、ロベスピエールの手で自らの首をもって対価を払わされた)。

スミスは競争的な輸出国に関する自分の考え方が重商主義の競争観と水と油にならざるをえないことを知っていた。彼は国民的憎悪の問題に取り組まねばならず、これは国民的自尊心の陰画であった。このためやはり肯定的な経済的帰結をもたらせる程度に適度に慈しみある担い手が求められた。ルソーは【130】ずば抜けて優れた愛国主義的哲学者であった。彼にとって競い合いは愛国的現象であった。スミスは愛国主義が両刃の剣であると知っていた。これは国家安全保障や、国内の政治的義務に応じる熱意に関する慎重さをはるかに超えたものである。「自国愛」は心理現象で、国民の自己像や自尊、認知の求めに関係したものに違いない。愛国者は自国の文化や歴史をしばしば過剰に崇拝する。愛国主義は集団的な誇りで、その役割は個人の不安を和らげることである。スミスは「私たちは［自国を］同様の他の社会と比べる」とき「その卓越性を誇らしく思い、他の社会以下の面が少しでもあれば、ある程度屈辱を感じる」と記している。これはルソーの見解と同じである。この見解では経済的側面が目立つ。スミスの説によると、自国の「繁栄と栄光」は「私たち自身についての一種の名誉を反映していると思われる」[15]。経済的愛国主義は羨望の政治学に似てくることが多い。スミスは続けて記す。「自国愛はどの隣国の繁栄と強大化も、最も悪意ある嫉妬や羨望で見たいと思わせる」[16]。しかし自信を失うと国は没落する。かといって競争がないと市場は機能的でなくなる。だからスミスは、国の誇りも経済成長も極大化するが国民的偏見や羨望のよからぬ結果をなくす代案を探した。それは「国民的競い合い」、すなわち名誉を求めて競争によって国民の経済的優越を追求することである。古典期の思想では、競い合いは羨望を肯定的にしたものであった。競い合いは「私たち自身が優れているべきだという渇望」で、それは「本来他人の優越を賞賛することに基礎をもつ」[17]。羨望と競い合いは同じ構造をしており、二つを区別するのは難しいことが多い。違いは、競い合いにおいては他人を抜くことで勝とうとするのに対して、羨望とは他人を邪魔して同じ結果を得ようとするという点くらいである。別の説明をすると、差は優越を達成するために提案された手段にある。羨望の場合、目的があらゆる手段を正当化する。これは国家理性に酷似している。競い合いは一種の嫉妬でもある。ラテン語「*aemulatio*」に相当するアリストテレスのもとのギリシア語は「*zelos*」、つまり「熱意 zeal」で、これが英語「嫉妬 jealousy」の語源である（本来は【131】「zealousy」）。羨望は憎しみをつくり、競い合いは熱意、精進、活動、前進を生んだ。競い合いは徳を目指すことを直接には含まない。それはむしろ栄光と名誉を獲得するための飽くなき熱意としての野心の子である。競い合いが国民を乗せて卓越に連れていく。それは自尊心を建設的にしたもの、競争的な国民的自己による活動の一部である。スミスは個人が「人類の尊敬や賞賛に値してそれらを獲得、享受することが、競い合いの……偉大な目的である」[18]と書いている。同じことが国民にもあてはまる。スミスはルソーの国内的競い合い概念を支持する。「それぞれの職に優れた技術者や職人に公衆が与えるプレミアム」[19]は、改良を進める立派な道を表すものである。技能や品質における競い合いに非市場的刺激を与えると技術発展が進み市場競争を激化させることがあろうが、これで貧国は富国に追いつきやすくなるうえに、これまでなかった市場が生まれるのである。

彼はこの考えを国民単位というはるかに大きな規模にあてはめる。この仮定では、定義によって競い合いは愛国主義の競争相手であらざるをえない。いまやスミスの最良の提案は、羨望を鎮めるのに他国民の文化的、経済的達成を世界市民的に評価することによって、愛国主義の国民的憎悪を人類愛で和らげることである。これはかなり問題含みである。国民的憎悪は「誇りと憤慨に」[20]基礎をもつ。人類愛は別の心理的起源から出てきたものだから、こういう情念を和らげない。「自分自身の国への愛」の問題は、たんにそれが「人類愛」と別の情念で、個人や国民にいつも自分のなかで争う二つの愛の感覚の間で衡量するよう求めるという点にあるのではない。スミスは、「自国愛」の方が「人類愛」よりもはるかに強い感情なので、この競技では後者が敗れると認めている。さらに悪いことに、愛国主義は国民に人類愛と「両立せぬよう活動する」ことを促す、と彼は言う。[21]名誉も羨望も個人や国民の比較評定に根をもつ感情である。名誉は競い合いを招くことはあるが、その行き過ぎた昂進を抑えることはできない。

【132】私たちは興味深い地点にたどり着いた。これはルソー『社会契約論』のいわゆるジュネーヴ草稿の初めにある二つの章の問題領域で、この草稿は政治制度に関する彼の大作の一部をなす。その章はグロバールな社会と国民社会の対立や、それに伴う社会心理に的を絞ったものである。ルソーは公刊の際にそれを削って同書では国民社会の事例のみを論じた。スミスは『道徳感情論』にこの問題を差し戻して、特に愛国主義を説明した。結論は仮説であり、及び腰である。『国富論』は国民の富についてしか語らず、人類の富は扱わない。スミスの考えでは、それは国民のなかの各担い手が多様なときに最もよく達成され、直接達成されるわけではない。この問題をルソーもスミスも扱わなかったことを記して、急いで話を終えられたらとても好都合である。二人が同じ点を欠いており、二人の議論は私たちが考えがちであるよりもよく似ていることが多いということを示すのがその目的である。さらに言うと、私たちがそれほど遠くにたどり着けたかは明らかでない。今年は私たちの理論の進歩についてやや懐疑的になることをある程度たやすくお許しいただきたく思う。正反対に見えるルソーとスミスの体系を再検討することで、もう一度物事を考え直すよい機会である。比較からはいつも学ばされるものである。自尊心、国民国家、商業は近代の政治理論にとってパンとバターだが、『国富論』と『社会契約論』は近代性に関して今なお最もよく人々の口にのぼる本である。なぜこの二冊がそういう本であり続けているかの理由を、しかしこれまで実際行なわれてきたのとは違う読み方によっていくつか示せているなら、本書の目的は達せられたことになる。これら偉大なテキストの誤読は、あまりに長く続きすぎていると思われる次第である。

注

（1）George Berkeley, *Passive Obedience; or, The Christian Doctrine of Not Resisting the Supreme Power, Proved and Vindicated* (London: H. Clmens, 1712).

（2）Albrecht von Haller, *Fabius und Cato, ein Stück der Römischen Geschichte* (Bern and Göttingen: E. Haller, 1774).

（3）Guillame-Thomas François Raynal, *A Philosophical and Political History of the Settlement and Trade of Europeans in the East and West Indies*, trans. J. Justamond (London: T. Cadell, 1776). レーナル『両インド史』大津真作訳、東インド篇、上下巻、西インド篇上巻（続刊）、法政大学出版局、二〇〇九～一五年。

（4）ホントがふれているシャーフツベリの言葉は『カルタゴ滅ぶべし *Delanda Est Carthago*』からで、より正しくは次のとおり。「海洋でのどの国家が偉大となるかについて抱くイングランド人の嫉妬ほど、世界で合法的で推奨すべき嫉妬はない」。"Jealousy of Trade: An Introduction," in *Jealousy of Trade*, p. 1. ホント「貿易の嫉妬――序文」『貿易の嫉妬――国際競争と国民国家の歴史的展望』田中秀夫監訳、昭和堂、二〇〇六年、一頁。

（5）Adam Smith, *The Wealth of Nations* (London: T. Nelson and Sons, 1868), IV.ix, p. 280. スミス『国富論』水田洋監訳、杉山忠平訳、岩波文庫、第三巻、二〇〇一年、三一七頁。

（6）Ibid., IV.ix.51. スミス『国富論』第三巻、三三九頁。

（7）Montesquieu, *The Spirit of the Laws*, pt. 1, bk. 7, chap. 1. モンテスキュー『法の精神』野田良之・稲本洋之助・上原行雄・田中治男・三辺博之・横田地弘訳、岩波文庫、上巻、一九八九年、一九七～八頁。

（8）Hans Caspar Hirzel, *Die Wirtschaft eines Philosophischen Bauers*, originally published in Volume 1 of the *Abhandlungen der Naturforschenden Gesellschaft in Zürich* (Zurich: Heidegger und Comp., 1761). 翌年出たフランス語版を示す。*Le Socrate rustique, ou description de la conduit économique et morale d'un paysan philosophe* (Zurich: Heideggur, 1762).

（9）David Hume, "Of Public Credit," in *Essays, Moral, Political and Literary*, ed. E. F. Miller (Indianapolis: Liberty Classics, 1985). p. 361. ヒューム「公信用について」『道徳・政治・文学論集［完訳版］』田中敏弘訳、名古屋大学出版会、二〇一一年、二八四頁。

（10）モンテスキューも類似の考えを前面に押し出した。「富とは土地か不動の資産の謂いである。どの国の土もその国の人全体が所有する。大半の国の法は外国人が自分のために土地を買うのをためらうようになっている。そしてほかでもない所有者のあることこそ土地改良を可能にする。ゆえにこの手の富は特定の各国に帰属する。しかし紙幣、為替手形、会社株式、船舶、最後にすべての商品は、世界全体のものである。この点でそれは一つの単独国家によってできているものにほかならず、地上のすべてはそれの加盟者である」。Montesquieu, *The Spirit of Laws* (London: Nourse, 1750), XX.23. モンテスキュー『法の精神』中巻、野田良之・稲本洋之助・上原行雄・田中治男・三辺博之・横田地弘訳、岩波文庫、一九八九年、二二二頁。

（11）Sir James Steuart, *An Inquiry into the Principles of Political Economy* (London: Printed for A. Millar and T. Cadell in the Strand, 1767). ステュアート『経済の原理』小林昇監訳、加藤一夫・渡辺邦博・飯塚正朝・竹本洋・柳田芳伸・渡辺恵一・奥田聡・中西泰之訳、名古屋大学出版会、全二巻、一九九三・九八年。Johann Gottlieb Fichte, *Der geschlossene Handelsstaat: Ein philosophischerEntwurf als Anhang zur Rechtlehre und Probe einer künftig zu liefernden Politik* (Tübingen: Cotta, 1800). フィヒテ『封鎖商業國家論』出口勇藏訳、弘文堂書房、新装版、一九六七年。

（12）Friedrich List, *The National System of Political Economy*, ed. W. O. Henderson (London: Cass, 1983), p. 319. リスト『経済学の国民的体系』小林昇訳、岩波書店、一九七〇年、三二九〜三〇頁。ホントがリストを論じた次も見よ。Hont, "Jealousy of Trade: An Introduction," in *Jealousy of Trade*, pp. 148-55. ホント「貿易の嫉妬——序文」『貿易の嫉妬』一〇九〜一三、四一一〜五頁。

（13）これについては次を参照。Hont, "The 'Rich-Country-Poor-Country' Debate in the Scottish Enlightenment," in *Jealousy of Trade*. ホント「スコットランド啓蒙における「富国・貧国」論争」『貿易の嫉妬』第三章、二〇〇〜三四頁；Hont, "The 'Rich-Country-Poor-Country' Debate Revisited: The Irish Origins and the French Reception of the Hume Paradox," in *David Hume's Political Economy*, ed. M. Schabas and C. Wennerlind (Abington: Routledge, 2008).

（14）Montesquieu, *Réflexions sur la monarchie universalle* (1734), in *Œvres complètes* II, ed. Roger Caillois (Paris: Gallimard, 1951), pp. 19-38.

（15）Smith, *TMS*, VI.ii.2.2. スミス『道徳感情論』水田洋訳、岩波文庫、下巻、二〇〇三年、一三一頁。

（16）Ibid., *TMS*, IV.ii.2.3. スミス『道徳感情論』下巻、一三二頁。

（17）Ibid., *TMS*, III.2.3. スミス『道徳感情論』水田洋訳、岩波文庫、上巻、二〇〇三年、三八〇頁。

（18）Ibid., *TMS*, I.iii.3.2 スミス『道徳感情論』上巻、一六四頁。

（19）Smith, *WN*, IV.v.a.39. スミス『国富論』第三巻、四五頁。

（20）Smith, *TMS*, VII.ii.1.4. スミス『道徳感情論』下巻、二二六頁。

（21）Ibid., VI.ii.2.4. スミス『道徳感情論』下巻、一三四頁。

解説　イシュトファン・ホント――その仕事と人生[1]

本書は数年前に亡くなったホントの最後の著作、Hont, Istvan, *Politics in Commercial Society: Jean-Jacques Rousseau and Adam Smith*, eds. by Béla Kopossy and Michel Sonenscher, Harvard University Press, 2015 の邦訳である。小著ながら本書は強靭な思考力を駆使してルソーとスミスの議論に内在しつつ近代社会の政治経済の根本問題に迫った彼の最後の労作といってよく、その内容は実に興味深いもので、読者の期待に応えるものではないかと思われる。

イシュトファン・ホント（Istvan Hont, 1947-2013）はユニークな思想史家として評価され、西洋の学者たちに愛されたが、我が国でも多くの研究者に関心をもたれてきた。彼は二〇一三年に病ゆえに六五歳で他界した。その死は早すぎるものであった。彼は政治・経済思想史の分野における卓越した研究者・教育者であった。彼は幾度も日本で講義したが、少しなまりのある英語で、熱弁をふるって行なう彼の講義の姿が私の目に浮かぶ。彼はスコットランド啓蒙に関する業績で著名である。彼がよく知られているのは『富と徳』（一九八三年[2]）の編著者、『貿易の嫉妬』（二〇〇六年[3]）の著者としてである。両著作は英米・ヨーロッパでも日本でも幅広く読まれ、日本語訳も出ている。そして今回、彼の遺著の邦訳が出たわけである。

まずホントその人の経歴を紹介しながら、彼が目指した学問がどういうものであったかを振り返ってみたい。

1　ハンガリー時代から英国へ

祖国ハンガリーでの日々

彼はハンガリーの第二次大戦後の紛糾した苦難の時代に生まれた。彼の両親はユダヤ系である。父は国家計画局の副長官で農業省の長官であった。母は農業技術者で大学の最初の女性教授となった。二人は息子にイシュトファン（ハンガリーの初代国王の名でもある）と名付けたが、それには期待が込められていたのであろう。東欧のユダヤ系の知識人として彼もまた多言語を習得した。第二次大戦の結果、ソ連圏に組み込まれたハンガリーは希望をいだいて社会主義経済建設を目指したが、東西冷戦下にあってそれはイバラの道であった。一九五六年には有名な「ハンガリー動乱」が起こっている。スターリンは一九五三年に死去したが、ハンガリーの体制はソ連に従属した権威主義（スターリン主義）で、モスクワの圧力が強かった。この年のソ連におけるフルシチョフによるスターリン批判は、ポーランドの市民の暴動を引き起こすが、それはハンガリーにも波及した。反体制派の精神的支柱は哲学者ジョルジ・ルカーチ（1885-1971）であった。首都ブダペストを中心に市民が蜂起したが、それをソ連軍が鎮圧した。ソ連は一九六八年にはプラハの春も圧殺する。

ホントは一九六四年から翌年にかけて（一七〜一八歳）に一年間の兵役を経験した後に、ブダペスト大学に入り、まず工学を学んだ。自動車などの機械が好きだったからである。しかし、彼は二年後に歴史と哲学へと転じ、一九七三年には修士学位（MA）、一九七四年には博士学位（PhD）を得た。

彼の指導教授は、高名な歴史家のバラーシュ・エーヴァ（H. Balázs Éva）[4]であり、彼の学位論文の主題は「デイヴィッド・ヒュームとスコットランド」（David Hume and Scotland）であった。ホントのスコットランド啓蒙への関心はこの時期にすでに芽生えていた。その後、彼はハンガリー・アカデミー・歴史研究所の研究職員（Research Officer at the Institute of History in the Hungarian Academy of Sciences）となったが、その地位は共産党員になることを要件とした。それで、彼はこの仕事を長く続けることができなかった。父はホントと妻に西側での研究のためのヴィザを確保した。そこで一九七二年にイングランドを訪問し、ケンブリッジのクレア・カレッジでヒューム史家のダンカン・フォーブズに会った。そして彼と妻のアンナ（Anna Lovas）は再び一九七五年に連合王国へ向かった。

連合王国への移民

なぜ連合王国、イングランドへ向かったのか。言うまでもなく、自由な研究環境を求めたからである。彼らは高名な中世史家のマイケル・ポスタンの支援をえることができた。ホントがハンガリーの歴史研究所で『経済史評論』（*Economic History Review*）の抄録を作成する日常業務に従事していた時に、たまたまブダペストを訪問したポスタンの運転手となった。その時にポスタンはホント夫妻に英国へ来るように勧めたのである。ポスタン自身もロシアからの移民であった。ホントはポスタンから多くのことを教わったものと思われる。ホントとイグナティエフは『富と徳』の序文でこう書いている。

> 我々は、我々の研究を支持してくれた、だがまことに残念ながらその最初の成果をまたずに死去された、師であり友であるサー・M・M・ポスタン教授に本書をささげたいと思う。[5]

マイケル・ポスタン卿（Sir Michael Moissey Postan, 1899-1981）はロシアのユダヤ系家族のもとに生まれ、キエフの聖ウラジミール大学（St Vladimir University）で学んだあと、一九一七年のロシア一〇月革命後に連合王国に亡命した。ユニヴァーシティー・カレッジとロンドン政治経済学校（LSE）を経て一九三七年にはケンブリッジ大学の経済史教授となった。傑出した中世経済史家として知られるポスタンは、マルクス、ウェーバー、ゾンバルトなどのドイツの歴史研究によく通じており、また中・東欧の学界の遺産を熟知し、そうした知識を駆使して歴史研究と講義を行った。

オックスフォード時代

ホントは、ポスタンの支援のおかげで、オックスフォード大学で多才な歴史家であるトレヴァ・ローパー（Hugh Trevor-Roper, 1914-2003）の指導を受けたが、ホントとともにやや若いジョン・ロバートスン（John Robertson, 1951-）も指導を受けていたので、二人は友人となった。エディンバラ大学から来たロバートスンはスコットランド啓蒙と民兵論争の研究を始めた。[6] ロバートスンはやがてオックスフォード大学の教授となったが、高名なクェンティン・スキナー教授（Quentin Skinner, 1940-）の後任としてケンブリッジに移ったのが今から一〇年ほど前の事である。ホントの妻のアンナは社会学者であったが、研究を断念し生計のためにコンピューター技師となった。オックスフォード時代にホントはヒックス（Sir John Hicks, 1904-89）の経済思想史の授業にも出た。こうしてホントは人文学と社会科学の広範な知識を得たのである。

四段階理論

ハンガリー時代に学んだマルクス主義を基礎として、ホントはいわゆる四段階理論（Four Stages Theory）の形成史研究を始め、古代から近代までの多くの書物や資料を渉猟した。四段階論は生活様式（Ways of Life）の段階論であり、採取狩猟、遊牧、農耕、商業という具合に生活様式が発展・遷移してきたと考える思想であるが、これを啓蒙時代のフランス（テュルゴなど）とスコットランド（ケイムズ、スミス、ダルリンプル、ミラーなど）の文明史家・哲学者が文明史を理解する有力手段として援用したのであった。これによって従来の非歴史的な自然法理論が歴史化され、歴史主義の時代が開かれることになる。これは思想史における画期的なパラダイム転換であったが、その転換に気づいた思想史家は案外少なかったように思われる。これをいち早く発掘したのはロイ・パスカル（Roy Pascal, 1904-80）であった。バーミンガム出身のパスカルはケンブリッジ時代にドイツに関心を抱いたドイツ史家であったが、ドイツの歴史学派に先立つ歴史主義がスコットランドにあることに注目した。[7]

しかし本格的な研究を行ったのはロンルド・ミーク（Ronald Meek, 1917-78）である。新発見のグラスゴウ大学法学講義ノートAの調査を通じて、ミークはスミスこそ四段階論の創始者ではないかという心象を得た模様である。しかし、ミーク説にもかかわらず、その創始者が誰であるかは必ずしもはっきりせず、論争になってきた。ホントの出発点はミークの『社会科学と高貴ならざる未開人』（*Social Science and the Ignoble Savage*, Cambridge University Press, 1976）[8]であった。またフォーブズ（Duncan Forbes, 1922-94）の『ヒュームの哲学的政治学』（*Hume's Philosophical Politics*, Cambridge University Press, 1975）[9]とポーコック（John G. A. Pocock, 1924-）の共和主義研究『マキァヴェリアン・モーメント』（*The Machiavellian Moment*, Princeton University Press, 1975）[10]も非常に重要で、両著作は近代の西洋思想史に接近する道を彼と彼の世代の研究者に教えたのであった。

ケンブリッジへ

彼は一九七八年にケンブリッジのキングズ・カレッジの研究員となった。同じころにマイケル・イグナティエフ（Michael Ignatieff, 1947-）がハーヴァードで博士学位をえたのち加わった。[11]同年生まれの二人は新しく設立をみたキングズ・カレッジ研究センターのプロジェクト「経済学と社会　一七五〇～一八五〇年」（Political Economy and

Society 1750-1850）に採用されたのである。二人はまれに見る意欲的なプロジェクトにするべく努力した。スコットランドの大学で多くの研究蓄積があったスコットランド啓蒙に本格的な光を当てた。その結果、このプロジェクトは巨匠フランコ・ヴェントゥーリ（Franco Venturi, 1914-94）をはじめとする多くの優れた研究者の参加を得て成功し、その成果の一部は前述の二人の編著『富と徳』となって実った。一九八三年のことで、編者の二人はいまだ三六歳であった。『富と徳』は成功し、一九七〇年代にはじまる現代のスコットランド啓蒙研究の画期的な著作となった。その影響は政治と法の思想史、経済思想史を超えて広範に及んでいる。

この新著作は、特にジョージ・デイヴィー、ダンカン・フォーブズ、ロンルド・ミーク、ジェイムズ・ムーア、ニコラス・フィリップスン、ジョン・ポーコック、アンドルー・スキナーおよびドナルド・ウィンチの名前と関係し、スコットランド法学、道徳哲学、経済学と、それらの起源がスコットランドの地方の文化と大都市の政治にあることについて、複雑な新しい理解を行ったものである。[12]

二人はさらに述べている。

同時に、ホッブズとロックおよび一六四一年、一六八八年、および一七七六年のブリテンの三革命の政治哲学についての、また大陸の自然法の伝統についての、そしてマキァヴェッリのシヴィック・ヒューマニズムのイングランドにおける新ハリントン主義的形態についての新しい学識が、ヨーロッパの政治哲学、道徳哲学、法哲学の主要な伝統の地図にスコットランドの経済学を新しい度合いの正確さで位置づけることを可能にした。[13]

『富と徳』のなかで最も注目された共著の第一章「国富論における必要と正義」（"Needs and Justice in the *Wealth of Nations*"）のなかで、彼らはこう述べた。

我々の議論は、『国富論』の中心的関心は正義の問題であり、所有の不平等と所有から除外された人々への十分な生活資料の供給を両立させうる市場機構を見出すことであったというものである。……スミスの議論は、このような貧民の必要と富者の権利という古くからの法学上の二律背反を全面的に超克する富裕の秩序がどのようにして創造されうるのかを示そうと意図していたのである。[14]

一九八〇年代にはソ連でゴルバチョフの改革（ペレストロイカ）が始まり、ユーゴやポーランドなどの東欧も自主管理を唱道しながら市場社会主義と自由化を模索していたが、ついに一九八九年にベルリンの壁が崩落した。そして東ヨーロッパ諸国が権威主義的な社会主義体制から解放された。ソ連も一九九一年には解体し、ロシアと数か国の小国に分かれた。冷戦が終焉した。自由主義と市場経済が勝利したが、社会主義から市場経済への移行（マルクス主義からは逆行）は希望の道でもあれば苦難の道でもあった。フランシス・フクヤマ（Francis Fukuyama, 1952-）は一九八九年に論文「歴史の終わり」を書き、一九九二年に『歴史の終わりと最後の人間』を出版した（*The End of History and the Last Man*, Free Press, 1992）。[15] 世界はこれからずっと良くなると期待された。しかし、その後の世界は多くの騒動を巻き起こしたし、中央・東欧諸国とイスラム圏あるいはアフリカで多くの紛争が起こった。チトーなきユーゴの最後は悲惨であった。五つの民族の内戦となり、民族浄化の悲劇を生んだ。ヨーロッパ共同体の統合も加盟国の利害対立、地域格差とナショナリズム、移民問題などによって不安定となっている。国連を無視したアメリカ合衆国の単独行動主義による軍事介入もしばしば失敗し、信頼の破壊と大量殺戮を引き起こしている。ヨーロッパと世界のこうした変化と動揺が、その後のホントの仕事に大きな影響を与え強い刻印を残したように思われる。それは彼が取り上げるトピックに反映している。

2　世界を股にかけて

やがてホントはコロンビア大学の政治思想史教授となり、一九九三年から翌年にはブダペストの研究組織の訪問研究員として活動したが、その後は最後までケンブリッジ大学の政治思想史の教員（Reader）であった。その地位は教授ではないが、ダンカン・フォーブズが就いていたポストである。その間にハーヴァード大学に転じるという件があったが、時の学長であったサマーズ（President Somers）の反対で潰れた。年齢の割に業績が少ないというのである。彼は特にヒューム、スミス、スコットランド啓蒙に対して関心を深めていく。やがて彼の関心は四つの主題へと展開した。すなわち、（一）貿易の嫉妬（ヒューム）に関する議論を含む近代国家における商業と政治の関係、（二）自然法の展開、（三）四段階理論の形成、（四）奢侈論――特に初期啓蒙における商業・奢侈論争。[16]そしてこれらの主題に関係する七論文は彼の包括的な大著『貿易の嫉妬』（*Jealousy of Trade*, 2005）に集大成された。

『貿易の嫉妬』

ヒュームの論文のタイトルを書名にした『貿易の嫉妬』は三〇年以上に及ぶ研鑽の成果である。優れた著作であるが、複数の主題を統合しようとした複雑な内容の書物でもあった。貿易自体は取引相手にとって相互的な利益であるとするヒュームは、『政治論集』（*Political Discourses*, 1752）の増補版（一七六〇年）[17]において、とりわけ英仏間で激しく抱かれている「貿易の嫉妬」なるものは間違った観念で、最悪の場合、戦争に導き、無益・有害であると主張し、その克服を提案した。ところが、その後も「貿易の嫉妬」の克服は成し遂げられなかった。ホントが見据えているのはその現実であって、貿易の嫉妬は今日に至るまで克服されていないのはなぜかを問題にする。ホントは複雑な大著の内容を統合し、見通しをつけるために一五〇ページもの序文「貿易の嫉妬――序文」をつけているが、それは独立の書物にしてもよい詳細な内容の論考である。全体は七章からなる。

第一章は四段階論の起源をスコットランド啓蒙からさかのぼって一七世紀のドイツの自然法学者ザムエル・フォン・プーフェンドルフ（Samuel von Pufendorf, 1632-94）に求めるものである（The Language of Sociability and Commerce: Samuel Pufendorf and the Foundation of the "Four-Stages" Theory）。初出は Anthony Pagden ed., *Language and Political Theory in Early Modern Europe*, 1986 であった。社交性あるいは社会性の概念がプーフェンドルフにあるという分析も新鮮である。この論考は、四段階論の起源を特にスコットランド啓蒙に求めたミーク説の批判であるが、成功しているかどうか微妙である。プーフェンドルフに明確な社会発展論はみられないというのが通説だろう[18]。

第二章は自由貿易と国家活動の制約を問題にしており、ポーコックの「新マキァヴェッリ的経済学」の概念（『マキァヴェッリアン・モーメント』に登場する概念で、ポーコックはチャールズ・ダヴナントを代表としている）が再検討されている（Free Trade and the Economic Limits to National Politics: Neo-Machiavellian Political Economy Reconsidered. 初出は、John Dunn ed., *The Economic Limits to Modern Politics*, 1990）。これはこれまで重商主義として理解してきたオーガスタン時代の経済論説を共和主義との関係でとらえ直すもので、我が国の研究にもシュンペーター説にも修正を求めるものである。

第三章はスコットランド啓蒙における「富国 - 貧国論争」（The "Rich Country - Poor Country" Debate in the Scottish Enlightenment）である。当初は一九七九年に「シヴィック・ヒューマニズムとスコットランドの経済学の出現」(Civic Humanism and the Emergence of Scottish Political Economy)として研究集会で発表されたが、『富と徳』において公表された。この論争としては、とりわけ先進国と後進国の関係――追いつきあるいは逆転は可能か――をめぐるヒューム‐タッカー論争が有名であるが、これはスコットランド啓蒙をはみ出す大ブリテンの論争であった。この論争は我が国では小林昇教授が経済学の形成時代における「英仏経済論争」という枠組みで把握し、より広い視野からの分析を行なったことが著名であるが、ホントはスコットランド啓蒙内部の論争に絞って、しかし異なる思想的伝統の相克に注目して、より詳細に研究している。

第四章「交際の狂詩曲」はヒュームの公債論と国家破産の分析である(The Rhapsody of Public Debt: David Hume and Voluntary State Bankruptcy. 初出は Phillipson, Nicholas and Andrew Skinner eds., *Political Discourse in the Early Modern Britain*, 1993. 本書は古希を迎えるポーコックに献呈された記念論集)。ポーコックは一八世紀前半のイングランドの土地・商業・信用をめぐるオーガスタン論争の総括としてスコットランド啓蒙をとらえたが、ホントはヒュームの公債論を商業社会のダイナミズムと不安定さに注目した分析として深化している。すなわち、ポーコックのアンビヴァレントな思想家ヒューム論を受けて、ホントは公債を媒介する商業と戦争の関係は絶えることのない争いを生み、それが自由と権威の対立という何時までも解決しない問題を引き起こすという分析を行なっている。この意味でホントはポーコックの弟子であった。

第五章はスミスの投資効率の転倒説の分析である(Adam Smith and the Political Economy of the "Unnatural and Retrograde" Order. 初出は *Französische Revolution und Politische Ökonomie*, Schriften aus dem Karl-Marx-Hause, Vol. 41, Trier, 1989)。スミスの独自性は意図せざる結果としてしか自然的自由、自然秩序は実現しないというものであり、したがって計画的に自由への改革を一挙に為そうとするすべてのプロジェクト思想に反対である。大規模農業の導入を計画するケネー派との最大の差異はそこにある。スミスは富裕への道として生産性と雇用と投資の効率性を重視したが、土地も家畜も貢献する農業が生産性で優位するから、資本は農業にまず投下すべきであり、次に手工業、国内商業の順に投資し、外国貿易は最後でよいと主張した。スミスはこれを投資効率の自然的順位であるというが、しかし手工業＝製造業が分業と資本次第で農業よりはるかに生産性が高くなることはスミスの議論からも明らかであり、この順位論は必ずしも成功していない。経済史的にスミスは外国貿易から投資が先行し、次に都市の商工業、最後に農業という順序になったという事実を認め、現実には逆行した投資順位にもかかわらず経済発展は実現してきたとしている。これは最善ではないが、次善ではあると主張していることにもなるが、しかし、スミスが重商主義批判を一部にはこの資本投下の自然的——転倒的順位論に基礎づけたことは確かであるから、スミスには転倒を容認する意図はなかった。

第六章は『富と徳』の第一章の採録（Needs and Justice in the *Wealth of Nations*. with Ignatieff, *Wealth and Virtue*, 1983）。『国富論』を配分的正義論＝自然法学として解釈する有名な論文であるが、エコノミストの穀物自由論の分析、トムスンのモラル・エコノミー論批判なども興味を引く。

第七章「分割された人類の永遠の危機：歴史的視野における国民国家とナショナリズム」（The Permanent Crisis of a Divided Mankind: "Nation-State" and "Nationalism" in Historical Perspective）は、いまだに乗り越えられない国民国家とナショナリズムの生み出す危機の分析である。この長編は一九九三年の「国民国家の現代の危機」と題する会議に提出され、同名のタイトルの『政治研究』誌（*Political Studies*）の特別号（John Dunn ed., *Contemporary Crisis of the Nation State*, 1994）に掲載された。この長編では、多くの分析がシェイエスとジャコバン派に割かれているが、マキァヴェッリから現代までの「国民国家」にまつわる多様な諸概念（国民国家、国民主権、人民と国民、代議制、ナショナリズム、国家理性、祖国愛、祖国愛の変質、戦争と商業、国際競争など）の詳細な分析が展開されている。「民主政と国家理性に関するフランス革命における論争を、シェイエスとジャコバン派を基礎にして歴史的に展望すればなお、現代の「国民国家」の直面する最も基本的な諸問題に、我々の注意を向けることになりうる」（邦訳三七一頁）とホントは語っている。我々は人類としては地球社会に暮らし、国連などの国際公共機関を多数有するようになっているものの、いまだに国民として国家単位に分断されており、国家に依存し、国家理性の命令に従ったり抵抗したりしながら、しばしば繰り返される危機と国際紛争を必死で回避ないし飼いならしながら暮らしている。ナショナリズムが生み出す危機が去ったわけではない。

『貿易の嫉妬』の意義

本書は「一八世紀の経済的新マキァヴェッリ主義の変遷」（邦訳七頁）を最も多く扱っているが、その意図は現代のグローバリゼーション論争には概念的に新規なものがないことを認識することであり、一八世紀の政治経済論争が今も新鮮であることを証明することによってそれを行なうと言う（同一一四頁）。『貿易の嫉妬』が書名に選ばれたことは、経済と政治における国民間の嫉妬が近代の現実だったからである。しかも、スミスの自由主義にもかかわらず、政治と経済におけるマキァヴェリズムは今なお克服されていないという現実認識がある。ハンガリーからイングランド（一時はアメリカ）へと激動のヨーロッパを生きてきた著者の視野には、予想を越えた歴史的変化という複雑な社会的事実が見えている。

マキァヴェッリからアレントまで数多くの思想家の厖大な著作を参照して書かれた本書は、政治と経済の関係、国家と国家の関係、経済と戦争の関係という枠組で把握された近代の諸問題の解明を目指した思想史的貢献である。自然法学も共和主義も経済思想も縦横に分析に動員されているから、議論は多元的で複雑である。評価は難しいが、著者がとりわけプーフェンドルフ、ダヴナント、富国‐貧国論争、ヒューム、スミス、シェイエスの思想に重要性を見出し、詳細で独創的な分析を提出したことは大きな貢献である。

ホントは第一に商業と国家・政治、あるいはナショナリズムとの関係に最大の関心を示している。その関係の批判的省察が眼目である（特に序文、第二、四、七章）。彼は一八世紀の経済学（特にヒュームとスミスの経済学）が国際政治の近代的理解を可能にする枠組みを構築したと理解する。にもかかわらず、彼が強調するのは事実上の野蛮であり、西洋の近代の国民国家における商業文明の権力政治であって、啓蒙哲学者が積極的に説いた国策の穏健化と経済学を凌駕するかのような圧倒的な力を示し続けたことである。すなわち、彼は啓蒙が権力政治、近代国民の蛮行、国民的利益、ナショナリズムに打ち勝つことができなかったという事実を強調したのである。暗黙のうちに彼は啓蒙の人間重視の思想も、コスモポリタニズムも、また国際主義もナショナリズムと国家理性、権力政治、帝国主義に敗北したという事実を深刻に受け止めていたと言ってもよいだろう。

国家理性

言い換えれば、ホントは民衆の富、安全、平和をもたらす商業社会の積極面を、ある種の疎外、無知、柔弱を引き起こす消極面より以上に強調したヒュームとスミスの経済学を評価したけれども、彼はまた国家理性と貿易の嫉妬に与する新マキァヴェッリ的経済学（ポーコック）にも注目したということである。ホントの主張では、実際に前者は後者を批判すべく努力したけれども、後者は一七世紀から一九世紀にかけての国民の政治に持続的に影響を与えるほど強かったのである。彼の展望では両者は近代ヨーロッパで実際に対抗者とみなされた。彼の議論はギャラハーとロビンスンの「自由貿易帝国主義[19]」に言及していないけれども、自由貿易帝国主義のテーゼの精緻化とみなしうるかもしれない。

さらに言えば、彼はなぜ社会主義が歴史的に資本主義に敗北したのかというマルクスが問うことのなかった問題を模索していたと思われる。マルクスの考えでは資本主義社会が崩壊し、社会主義社会に移行するのは自然必然的であった。それは歴史の必然性であり、世界史の基本法則と考えられた。ホントはこの必然性の思想を継承しなかった。むしろ彼は近代国民国家の経済活動と政治の複雑な関係に注目した。ホントは学問的仕事において近代の国民国家とその国際的関係についての議論で楽観主義者であるより悲観主義者であった。さらに彼は一九八九年以降、啓蒙の遺産の力に従来にもまして悲観的となり、国家理性の危険性を強調するようになったと言えるかもしれない（第二、四、七章が示すように）。とすれば、その方向は国家なき無政府状態に対する憂慮を深め、イラク戦争を容認してネオ・コンとまで言われるようになったマイケル・イグナティエフのたどった道と正反対であった。

ホントの仕事の第二は自然法の伝統とその発展への関心であり、これは二つの研究となっている。第一は四段階理論の形成であり、第二は伝統的自然法理論、すなわち正義論に対する応答としての経済学の形成である（それは一、三、六章に示されている）。画期的な論文「必要と正義」が論じたのは、『国富論』と経済学は伝統的な自然法学の配分的正義を批判するもので、商業・商業社会は労働貧民にまである程度の富裕をもたらし、それ自身の経済メカニズムによって「必要と正義」をおのずから実現すると主張したということである。しかし、この議論は貿易の嫉妬と権力政治にまつわる議論と対立すると思われる。

ポーコックとの関係

ヒュームとスミスの啓蒙の経済学、自由主義的人文主義的経済思想と、ダヴナント（Charles Davenant）、ポレックスフェン（John Pollexfen）、マーティン（Henry Martin）、フレッチャー（Andrew Fletcher）などの「新マキァヴェッリ的経済学」とをホントはどの程度区別したのだろうか。ホントは前述のようにポーコックの「新マキァヴェッリ的経済学」という用語を継承しているが、ポーコックの「商業ヒューマニズム」（commercial humanism）という概念を継承していない。それはなぜか。それはポーコック自身の議論の不十分さにもよるのではないかと思われる。

ポーコックは『徳、商業、歴史』（*Virtue, Commerce, and History*, 1985）[20]において「商業ヒューマニズム」という表現を用いてスミスなどの経済思想を論じたが、それを掘り下げることはしなかった。ポーコックは経済思想史家ではなく、その掘り下げは専門家にゆだねるということであっただろう。こういう点での不備が一理由だとして、もう一つの理由はホントが商業社会の繁栄と安寧よりも近代国家間の国際的な権力政治という陰鬱な側面を重視したことにあると思われる。

ホントは経済思想史ではポーコックより専門的知識を持っていたが、しかし商業ヒューマニズムの概念を継承せず、商業と政治の関係に集中的な関心を払った。彼はまたポーコックの「シヴィック・ヒューマニズム」を明示的に批判してはいないが、さほど支持したようには思われない。徳と腐敗はシヴィック・ヒューマニズムのキー概念であり、徳と腐敗にはダヴナントを論じるとき、またポーコックに習って新マキァヴェッリ的経済学の概念を導入するときに彼が言及しているのは確かであるが、シヴィック・ヒューマニズムの概念は注意深く避けているという印象がある。

明らかにフォーブズ経由の自然法への関心にしたがって、彼はスミスをプーフェンドルとマルクスの間に位置づけた。マルクスの先駆者としてのスミスというのはミークが経済発展段階論の系譜を意識して開拓した問題であった。ホントは専門論文において直接にマルクスの遺産を論じることはなかったが、しかし彼がマルクスとマルクス主義を習得していることは明らかで、歴史研究を発展させるためにマルクスの学問的、批判的伝統をケンブリッジにおいて再興することを自らの役割と考えていたのも確かである。ホントの思想史への学際的接近法はマルクス以上に政治学の分野で行なわれたが、しかしダンカン・フォーブズの後継者としての政治思想史家であるホントは通常の政治思想史家以上に経済的要因を重視した。

ホントはイグナティエフと同じく国民国家に焦点を絞ったが、その方向は逆で、ホントが世界に亀裂をもたらす国民国家と国家理性の権力政策を見据え、それに警告を発したとすれば、イグナティエフは国家なき無政府状態の救いようのない悲惨さを指摘し、インフラストラクチュアとしての国家の有益さを再評価した。ホントは彼の大著で次のように結論した。

フランス革命期の民主政と国家理性をめぐる諸論争の、シエイエスとジャコバン派の思想比較に基づいた歴史的展望は、現代の「国民国家」に突きつけられている最も根本的な問題に、なおも我々の注意を向けさせうるものである。[21]

ホントは少なくとも『富と徳』以降、日本の研究者を引き付けるようになった。彼は『貿易の嫉妬』の日本語版（二〇〇九年）への序文のなかで、日本のスコットランド啓蒙研究の先駆者としての水田洋教授に三〇年間の支援に対して感謝の言葉を述べている。彼は幾人もの日本の研究者と交流があった。水田教授は杉山忠平教授とともに『富と徳』の監訳を行ったが、この翻訳書が果たした役割も重要である。

来日とその後

ホントは二〇〇五年一二月に初来日した。千葉大学で開かれた会議「ケンブリッジ・モーメント」に参加するためであり、彼はまた数か所の大学でセミナーの講師となった。ポーコック、ジョン・ダン、レイモンド・ゴイスなども参加した。[22] ホントは千葉で「一八世紀政治思想における商業と政治」(Commerce and Politics in the 18th Century Political Thought) と題する論文を報告した。彼は京都でも二度講演をし、一度はアダム・スミスの会の例会において、[23] もう一度は別のセミナーで話した。彼の講演はポーコックの講演に劣らず多く研究者の関心を引き付けた。この時の彼の論文は残念ながら公刊されていない。彼は名古屋ではルカーチ (Lukács) とハンガリー思想史について語った模様である。

彼とゴイス（Raymond Geuss）は二〇〇七年から翌年に政治思想と思想史のケンブリッジ・セミナーを組織した。彼はケンブリッジで学部生と博士課程の学生を熱心に指導し、研究プロジェクトを意欲的に進めたが、その姿はジョン・ロバートスンが回想している。[24] ホントはそれまで手薄だった神学の研究も行なった。病気と闘いながら研究と教育に投じたその姿は雄勁と称してよいだろう。その結果、ホントはマルクス主義を含む多くの未刊行の草稿を遺した。それはセント・アンドルーズ大学の思想史研究所に集められており、真のホントを知るために公開が待たれる。

膨大な遺稿のなかにはカーライル講義の原稿があった。それが関係者の協力を得て編集されて本書が出版されたのは二〇一五年のことである。最後に本書に関して少し説明をしておきたい。

3　ルソー・スミス問題とは何か

ルソー・スミス問題とはそもそもスミスのルソー問題であり、ルソーのスミス問題ではない。しかし、ホントは二人の問題意識と問題の掘り下げに共通のものを見出しており、また背景としてハチスン、マンデヴィル、モンテスキュー、ヒュームだけではなくホッブズ、ロックとの関係も掘り下げており、スミスのルソー問題を超えてルソーとスミスの思想の比較論を行なっている。それは実に詳細な考察であって、その射程は従来学界で論じられてきた「スミスにおけるルソー問題」をはるかに超えている。

従来の問題は、スミスはルソーをいかに受容・批判したか、またスミスにとって誰が一番問題だったかであった。ヒュームか、モンテスキューか、ルソーか、あるいはマンデヴィルか、ホッブズか。その答えをルソーに見出した研究者がルソー・スミス問題を論じた。

ルソーは『人間不平等起源論』において利己心がもたらす文明社会の不平等、腐敗堕落を告発し、推測的文明史＝堕落史を描き、そしてその数年後の『社会契約論』では腐敗堕落の解決策を社会契約による「革命」、一般意思、公共精神の覚醒に求めた。それに対してスミスはこうしたルソーの分析と処方箋をともに否定した。スミスによれば、利己心は腐敗堕落の原因ではなく、豊かで活発な文明社会の形成原理であり、文明社会では貧者も豊かに暮らせる。それを妨げているのは経済を統制し、一部の階級、商工業階級に利益を誘導する重商主義政策である。豊かな社会を実現する道は利己心が自由に活動できる自由市場経済を形成することであり、国家はインフラ整備をすればよい。これがスミスの主張の通説的な理解である。しかし、内田義彦もホントも通説的理解に満足しない。

いかにしてスミスは自らの結論を引き出したか。スミスは三〇代初めに『エディンバラ評論』第二号（一七五六年）に寄稿した「編集者への手紙」でヨーロッパの学界展望を行ない、マンデヴィルとルソーの『第二論文』に注目していた。二人は文明社会での人間の利己心（欲望）に発する腐敗堕落（奢侈）に注目しながらも、マンデヴィルはそれが活力の源泉であるとして肯定し、ルソーは社会崩壊の危機の原因であるとして告発した。この二人の問題意識と診断を懐に抱いてスミスはその後の思想形成を行ない、『道徳感情論』（一七五九年）と『国富論』（一七七六年）を書いたが、マンデヴィルを継承しながら、ルソーに有効に応答することを目指した。

一九五三年に内田義彦『経済学の生誕』が未來社から刊行された。京都の出版社で働いたのち未來社を起こした西谷能雄のかねてからの依頼に応じたのであった。内田は文明社会の危機というルソーの問題提起に応答したのがスミスであるとし、「破局に面した旧帝国主義に対するフランス・あるいはイギリス・ブルジョアジーの理論」として二人の書物を把握した。そして大胆にもスミスの論敵はヒュームだったとまで述べたのであった。内田は一九七一年の『社会認識の歩み』（岩波新書）でもルソーとスミスを再論している。

一九八四年にイグナティエフは前述の『見知らぬ人の必要』と題した小著で、ルソーとスミスの共通の問題を文明社会の危機であったとし、それに対する共和国（社会契約説）と市場社会（経済学）という二人の対蹠的な回答を浮き彫りにしたが、その理解はまるで内田義彦説と瓜二つであったとまでいうと言い過ぎかもしれない。

その後、一九八六年にリーの「ルソーとスコットランド啓蒙」という論文が出る（Leigh, R. A. Rousseau and the Scottish Enlightenment, *Contributions to Political Economy*, vol. 5.）。リーはスミスだけではなくスコットランド啓蒙へのルソーの反響を描いた。一方、同じ年にイグナティエフは「スミス、ルソーと必要の共和国」と題して前著の議論を再論した（Ignatieff, Michael, Smith, Rousseau and the Republic of Needs, *Scotland and Europe, 1200-1850*, ed. by T. C. Smout, Edinburgh , n.d. (1986)）。「彼らの深部での同一性は『人間不平等起源論』と『国富論』で分析された経済的、政治的、道徳的諸関係の構造の共通性に見いだされるべきである。」二人は「分業と不平等と市民としての在り方の歴史的関係の問題を共有」しており、この問題に「同一の言語」、「人間の基本的欲求の言語」で取り組んだ。そして「正反対の解決に到達」した。これがイグナティエフの結論である。

以上を踏まえて筆者は一九八七年に「スコットランド啓蒙におけるルソー　上・下」と題する論文を発表し（『甲南経済学論集』第八二巻第二号、三号）それに加筆改訂を加えて、著書『スコットランド啓蒙思想史研究』（名古屋大学出版会、一九九一年）の第六章「ルソーの衝撃と商業文明への懐疑」として採録した。スミスを含むスコットランド啓蒙では推測的歴史でもある『人間不平等起源論』には大きな反響があったが、『社会契約論』はほとんど黙殺されたことを指摘し、その理由を考察した。筆者の分析は、不平等の問題ではルソーに同感したスコットランド人は、前世紀来の革命と動乱にこりごりで『社会契約論』の革命には賛同できなかったというものである。

ホントはイグナティエフの論考は知っているが、内田義彦とリーの研究は視野の外である。しかし、これまでの研究のどれに比べても、ホントの「ルソーとスミス」分析は深く豊穣である。彼の持ち前の粘り強い考察が展開されており、そのあとを追いかけるのは興味深くもあれば、それなりの努力も要求する。本書を味読してほしいゆえんである。

前述のように、イグナティエフはルソーとスミスを文明の危機という共通の問題に異なる解法を与えたとした。ルソーは共和主義で答え、スミスは経済学で答えたというのである。この理解はわかりやすく、我々は賛同しやすい。しかし、ホントの分析はそのような単純なものではなく、ルソーとスミスの文明社会の把握と批判の本質的な一致に目を向けており（ここまではイグナティエフも同じである）、我々の理解に再検討を迫るものである。とりわけ本書の統治史の分析は独創的で新鮮である。ここでいささか長くなった解説を閉じることにする。

なお、本書は共訳である。まず村井明彦が本文全体を訳し、それを田中が原文と照らし合わせながらチェックし、難解な表現を平易にするなどの修正をした。達意の訳文が凡庸になった個所が散見するかもしれない。校正は二人で行なった。解説と索引は田中が分担した。

最後になったが、本書の刊行に寄与していただいた昭和堂の杉田啓三社長と鈴木了市編集部長、そしていつもながら担当者として熱心なご支援を惜しまれなかった編集部の神戸真理子様に厚くお礼申し上げたい。

グローバル化と情報化が激しく世界を動かしながら、様々な困難な問題に直面している現代の我々に対して、本書の描くルソーとスミスは考える手がかりを与えてくれるのではないかと思われる。本書が読者に恵まれることを願ってやまない。

田中秀夫

注

［1］この解説では『経済学史研究』（第五六巻第一号、二〇一四年七月）に掲載した筆者の英文の追悼文を邦訳して利用している。またホント追悼記念論集『市場、道徳、政治』の序文（四人の共著）も参考になった。Béla Kapossy, Isaac Nakhimovsky, Sophus A. Reinert, and Richard Whatmore eds., *Markets, Morals, Politics: Jealousy of Trade and the History of Political Thought*, Harvard University Press, 2018. ホント追悼記念論集は二冊出ており、もう一冊は Béla Kapossy, Isaak Nakhimovsky and Richard Whatmore eds., *Commerce and Peace in the Enlightenment*, Cambridge University Press, 2017 である。後者は二〇〇八年に始まる「一八世紀の商業と永遠平和」と題したホント主催のワークショップに参加した弟子たちによる論集である。

［2］*The Wealth and Virtue: The Shaping of the Political Economy in the Scottish Enlightenment*, Cambridge University Press, 1983, co-edition with Michael Ignatieff. ホント『富と徳——スコットランド啓蒙における経済学の形成』水田洋・杉山忠平監訳、未来社、一九九〇年。

［3］*The Jealousy of Trade : International Competition and the Nation-State in Historical Perspective*, Harvard University Press, 2006. ホント『貿易の嫉妬——国際戦争と国民国家の歴史的展望』田中秀夫監訳、昭和堂、二〇〇九年。

［4］エーヴァは当時の中欧にあって最優秀の歴史家の一人で、主著の一冊は『ハンガリーとハプスブルク家——一七六五から一八〇〇年』として英訳され（*Hungary and the Hapsburgs 1765-1800*, Budapest: Central European University Press, 1997）、その推薦文としてホントは「秀逸な論考で中欧における啓蒙の政治経済改革についての現代の最高の学識を示している」と書いた。本書は二〇〇三年に邦訳されている（エーヴァ『ハプスブルクとハンガリー』渡邊昭子・岩崎周一訳、成文社、二〇〇三年）。

［5］『富と徳』邦訳、viii頁。

［6］ロバートスンは民兵論争を扱った『スコットランド啓蒙と民兵論争』*The Scottish Enlightenment and the Militia Issue*, Edinburgh: John Donald, 1985）をまず刊行してから一〇年後に合邦に関する編著『帝国を目指す合邦』（*A Union for Empire: Political Thought and The Union for 1707*, Cambridge University Press, 1995）を出版し、また一〇年後にポーコックの「様々な啓蒙」に対抗して「啓蒙の統一性」を強調した『啓蒙の主張』（*The Case for Enlightenment: Scotland and Naples 1680-1760*, Cambridge

University Press, 2005）を刊行しているが、近著に後者のエッセンスをまとめた『啓蒙』（*The Enlightenment, A very Short Introduction*, Oxford University Press, 2015. ロバートソン『啓蒙とはなにか――忘却された〈光〉の哲学』野原慎司・林直樹訳、白水社、二〇一九年）がある。

[7] パスカル以前にフリードリヒ・マイネッケが『歴史主義の成立』（*Die Entstehung des Historismus*, 1936. 菊盛英夫・麻生建訳、筑摩書房（上・下）、一九六八年）のなかでウィリアム・ロバートスンに注目していたから、マイネッケが嚆矢だったかもしれない。

[8] ミーク『社会科学と高貴ならざる未開人――一八世紀ヨーロッパにおける四段階理論の出現』田中秀夫監訳、昭和堂、二〇一五年。

[9] フォーブズ『ヒュームの哲学的政治学』田中秀夫監訳、昭和堂、二〇一一年。

[10] ポーコック『マキァヴェリアン・モーメント――フィレンツェの政治思想と大西洋圏の共和主義の伝統』田中秀夫・奥田敬・森岡邦泰訳、名古屋大学出版会、二〇〇八年。

[11] イグナティエフは有名な経済史家のランデス（David Landes, 1923-2013）の指導で博士学位を仕上げ、『苦痛を正確に測る』*A Just Measure of Pain: The Penitentiary in the Industrial Revolution 1750-1850*, Palgrave Macmillan, 1978 として出版した。次作は小著ながらきわめて興味深い『見知らぬ人の必要』（*The Needs of Strangers*, Viking, 1984. イグナティエフ『ニーズ・オブ・ストレンジャーズ』添谷育志・金田耕一訳、風行社、一九九九年）であった。イグナティエフはルソーとスミスの関係を本書で論じた。その後、よく知られているように、彼はジャーナリストとなり、世界の紛争地域を取材し、多くのルポと本を書き、一度はカナダに戻って政治家（自由党党首）として活動するも、政治家としては成功せず、アメリカの学界に戻っている。

[12] 『富と徳』邦訳、vii頁。

[13] *Wealth and Virtue*, preface, p. vii.『富と徳』邦訳、vii頁。

[14] *Wealth and Virtue*, p. 2.『富と徳』邦訳、三頁。

[15] フクヤマ『歴史の終わり』渡部昇一訳、三笠書房、一九九二年。

[16] この主題は次の論集の一部となっている。*Cambridge History of Eighteenth-Century Political Thought*, eds. by Mark Goldie and Robert Wokler, Cambridge University Press, 2006.

[17] ヒューム『政治論集』田中秀夫訳、京都大学学術出版会、二〇一〇年。

［18］我が国のプーフェンドルフ研究として前田俊文『プーフェンドルフの政治思想——比較思想史的研究』成文堂、二〇〇四年がある。プーフェンドルフの邦訳として、同訳『自然法にもとづく人間と市民の義務』京都大学学術出版会、二〇一六年。

［19］*Economic History Review*, 2nd Series, 6-1, 1953. 邦訳はジョージ・ネーデル、ペリー・カーティス編『帝国主義と植民地主義』川上肇ほか訳、御茶の水書房、一九八三年、第四章。毛利健三『自由貿易帝国主義——イギリス産業資本の世界展開』東京大学出版会、一九七八年を参照。

［20］John Pocock, *Virtue, Commerce, and History: Essays on Political Thought and History, Chiefly in the Eighteenth Century*, Cambridge University Press, 1985. ポーコック『徳・商業・歴史』田中秀夫訳、みすず書房、一九九三年。

［21］*Jealousy of Trade*, p. 528.『貿易の嫉妬』邦訳、三七一頁。

［22］ポーコックやコンドレン（Conal Condren）などの一〇論文は千葉大学の紀要に掲載された。*International Journal of Public Affairs* (Chiba University), Vol. 2, 2006, Vol. 3, 2007.

［23］彼の論題は「優越への意欲——アダム・スミスの競争とナショナリズムの概念」（The Desire of Superiority: Adam Smith's Notions of Competition and Nationalism）というもので水田洋会長によって邦訳されて「アダム・スミスの会会報」に掲載されている（第七三号、二〇〇六年三月）

［24］John Robertson, "Istvan Hont (1947-2013)", Istvan Hont Archive by the Institute of Intellectual History, University of St Andrews, 2013. 安武真隆「追悼、イシュトファン・ホント（一九四七〜二〇一三年）」『政治思想学会会報』第三九号、二〇一四年一二月も参考になる。

索　引

（原書の索引をもとに作成した。数字は原書ページで本文中では【　】で示されている。

但し、注は含まない）

■ あ行

■ か行

■ さ行

■ た行

■ な行

■ は行

■ ま行

■ や行・ら行・わ行

■訳　者

田中秀夫（たなか・ひでお）

愛知学院大学教授、京都大学名誉教授。主な著訳書に、『文明社会と公共精神』（単著、昭和堂、1998年）、ホント『貿易の嫉妬』（監訳、昭和堂、2009年）、フォーブズ『ヒュームの哲学的政治学』（監訳、昭和堂、2011年）、『アメリカ啓蒙の群像』（単著、名古屋大学出版会、2012年）、『スコットランド啓蒙とは何か』（単著、ミネルヴァ書房、2014年）、その他。

村井明彦（むらい・あきひこ）

関西大学非常勤講師。主な著訳書・論文に、『グリーンスパンの隠し絵——中央銀行制の成熟と限界』（単著、名古屋大学出版会、2017年）、バーリ・ゴードン『古代・中世経済学史』（翻訳、晃洋書房、2018年）、ジェイコブ・ソル「ポーコックと歴史の共和国——大西洋を横断する伝統におけるタキトゥス、マキアヴェッリ、ジョン・アダムズの多面的コンテクスト」（翻訳、『思想』第1007号、岩波書店、2008年）、その他。

商業社会の政治学――ルソーとスミス

2019年11月15日　初版第1刷発行

訳　者　田中秀夫
　　　　村井明彦

発行者　杉田啓三

〒607-8494　京都市山科区日ノ岡堤谷町3-1
発行所　株式会社　昭和堂
振替口座　01060-5-9347
TEL（075）502-7500／FAX（075）502-7501

印刷　亜細亜印刷

ISBN978-4-8122-1907-2
＊乱丁・落丁本はお取り替えいたします。
Printed in Japan

ミーク 著／田中秀夫 監訳／村井路子・野原慎司 訳

社会科学と高貴ならざる未開人

――一八世紀ヨーロッパにおける四段階理論の出現

「四段階理論」の意義と起源、その影響を探ると共に、それが「高貴ならざる未開人」という観念に刺激され形作られたことを立証する。

本体五〇〇〇円

ダンカン・フォーブズ 著／田中秀夫 監訳

ヒュームの哲学的政治学

スミスやハチスンとの関係、トーリー史家やウィッグ思想家との関係を明らかにしつつ、ヒュームの思想の全体像を読み解く。前人未到の研究。

本体八〇〇〇円

田中祐子 著

公共的知識人の誕生

――スウィフトとその時代

スウィフトの生きた時代と人生を回顧し、他の著作や政治思想にも触れつつ彼の代表作である『ガリヴァー旅行記』の新解釈を試みる。

本体六〇〇〇円

昭和堂〈価格税抜〉

http://www.showado-kyoto.jp